結構式遊戲治療
之策略遊戲

五南圖書出版公司 印行

序言

　　結構式遊戲治療之策略遊戲是有趣、多元且吸引人的方式，若治療師能對兒童及其議題有正確的了解與認識，再透過適切的策略遊戲介入，經常能產生極為正向的效果。

　　本書內容主要分成三大部分，第一部分介紹執行策略遊戲應有的認識，包含結構式遊戲治療之兒童的評估、治療師執行策略遊戲時的態度和策略遊戲的正向轉變機制。第二部分介紹治療師在遊戲室中進行的策略遊戲，包含結構式遊戲治療架構的策略遊戲；歷程回顧之策略遊戲；調整緊、鬆的策略遊戲；滿足自主需求之策略遊戲；滿足親密需求之策略遊戲及促進情緒流動的策略遊戲。第三部分則是治療師提供給家長在遊戲室之外進行的家庭親子遊戲，這些家庭親子遊戲根據「開心、有趣且有明確規則」、「合作或能力展現」、「滋養撫育」、「自我接納、利己利他」、「情緒經驗充分表達」、「連結」和「轉折之未來計畫與回顧」等七個重要療癒元素來設計各種適合家庭、親子進行的遊戲。筆者的實務經驗發現，有時從家庭、親子互動的改善，對某些兒童就能出現明顯的轉變，所以，家庭親子遊戲也是結構式遊戲治療師常用且很有效果的策略，且這些家庭親子遊戲也可以推展到一般家庭，促進家庭親子有正向健康的互動。

協同作者簡介

王怡蓉

如果可以重來，「成為人母」還是會在我的人生待辦清單中。看著雙姝從牙牙學語到滿嘴歪理，你看，這是不是令人好笑又好氣的精采風景？

因為無法重來，專注地陪孩子玩便是活在當下的日常了。即便道別的時刻必然到來，我可以笑著且不留遺憾地謝謝孩子與自己，豐富了彼此的生命。

別等了，趕快去陪孩子玩吧！

學歷

國立高雄師範大學輔導與諮商研究所

經歷

國小教師

高中輔導教師

兼輔教師督導

學諮心輔人員

兩個孩子的媽（此生最愛的身分）

專長

敘事治療

結構式遊戲治療

親職教育

生涯規劃

生命教育

邱美綺

喜歡聆聽音樂、欣賞電影、享受閱讀、細細品味人生，沉浸在大自然中，體驗感受省思人生四季的更迭起伏；每個真心交會時刻的火花，都在當下成為永恆的風景，期許自己珍惜有限的人生，不留遺憾地做喜歡的事情。

專業學習

國立高雄師範大學輔導與諮商研究所碩士畢

國家諮商心理師諮心字第01315號

NGH催眠師證照（National Guild of Hypnotists）

德派催眠培訓（The ED Hypnosis Training）

經歷

國中輔導教師

高雄市學諮中心心輔人員

諮商實習課程專業督導

專長

敘事取向治療

結構式遊戲治療

青少年心理發展與適應

家庭與親職議題

人際關係與溝通

情緒與壓力調適

范晉維

學歷

國立暨南國際大學輔導諮商研究所

經歷

高雄市學生輔導諮商中心心理師

台灣輔導諮商學會認證督導

高雄市家庭教育中心、高雄市兒少關懷協會、華遠兒童服務中心合作心理師

學校專兼輔教師督導

專長

兒童中心遊戲治療

結構式遊戲治療

結構派家族治療

完形學派諮商

鍾易廷

認識世界與認識自己是每個人一輩子都在做的事情，透過心理諮商來讓人們找到屬於自己的意義、找到屬於自己的位置，而在過程中讓自己活得開心、自在是一個很重要的智慧。人生追尋到最後才發現，美好的回憶是我們少數能夠真正擁有的事情，所以希望我們能夠來共同來創造，也許當某個時刻想起對方時，心裡會湧出溫暖、窩心的感覺。

學歷

國立高雄師範大學諮商心理與復健諮商研究所博士

經歷

心和心理諮商所諮商心理師

私立樹德科技大學兒童與家庭服務系兼任助理教授

高雄市立凱旋醫院家暴相對人認知教育團體帶領者

高雄市衛生局家庭暴力相對人個別心理輔導老師

高雄戒治所情緒管理課程講師

高雄戒治所戒癮團體帶領者

高雄市政府衛生局家庭暴力相對人裁定前鑑定委員

高雄市政府衛生局自殺防治中心專任助理

高雄市政府無障礙之家通報轉銜中心社工員

專長

家庭婚姻

親職教養

家庭暴力防治

自殺防治

個人中心諮商

現實治療諮商

認知行為諮商

存在主義諮商

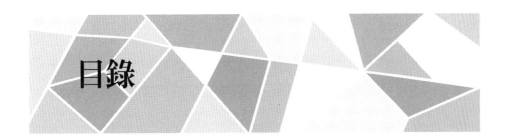

目錄

第一章
執行策略遊戲應有的認識

壹、結構式遊戲治療之有關兒童的評估

關於遊戲治療之有關兒童的評估，一般而言並沒有著墨太多，以兒童中心學派遊戲（自由遊戲）來說，我們會去透過兒童遊戲主題的變化，以及兒童的遊戲內容，來藉此評估兒童的狀態。而結構式遊戲治療除了運用上述的方式之外，在進行遊戲治療之前或當下另有其他的評估方法，此評估方法為四象限評估，對於結構式遊戲治療而言相當重要。

運用結構式遊戲治療進行處遇的治療師，在治療進行時會運用四象限評估以對兒童有初步的了解與分類，之後再擬定合適的策略遊戲。四象限評估由一橫軸、一縱軸與中心圓圈所構成，橫軸表示外顯行為向度，分為鬆與緊兩種狀態，鬆與緊源自於治療師對兒童外顯情緒、認知與行為的評估，外顯行為被歸類為鬆的兒童表示其在感覺與想法上有較多衝動性的表達，較少體會他人的感受，較易出現散漫、不守規矩、忘東忘西、調皮捉弄他人等情形，而外顯行為被歸類為較緊的兒童，顯示其在想法與感受上較容易表現出拘謹的特質，較容易感到緊張、退縮、害怕、擔心，難以表達自己的感受與想法（陳信昭、陳碧玲譯，2000；鄭如安，2008）。

縱軸表示外顯行為背後的需求向度，分為自主與親密兩種需求，自主需求明顯的兒童表示其在過去家庭中可能過度擁有或缺乏自主與選擇權，導致兒童出現不遵守規範或過度退縮的表現；而親密需求明顯的兒童則是在過去缺乏被肯定、陪伴與照顧的經驗，因此會期待有人給予注意與肯

定，導致兒童會出現刻意引起注意、關愛的行為或過度依賴的傾向（陳信昭、陳碧玲譯，2000），然而，有時兒童會同時有這兩種需求，因此治療師必須根據兒童在自由遊戲或診斷遊戲中的表現加以評估是落在四象限的哪一象限裡，再根據象限的特徵而決定之後介入的策略與行動。

此外，圖一中間圓圈代表的則是鬆與緊、權力與親密需求的正常範圍，每位兒童都具有上述的特質與需求，因此治療的目標就是協助兒童調整上述特質與需求以接近正常範圍中，正常範圍顯示兒童能以有彈性的方式展現自己的特質與表達自己的需求。

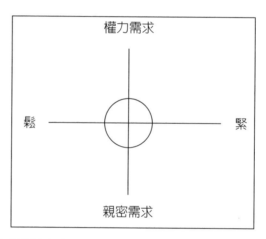

圖一　結構式遊戲治療四象限評估圖（資料來源：鄭如安，2015）

治療師會根據兒童的議題及評估兒童是屬於哪一類型而將策略遊戲加以變化，例如治療師評估兒童屬於較鬆類型，為了使兒童從策略遊戲當中學習遵守規範與改善散漫的習慣，治療師會嚴格落實遊戲規則，使兒童透過與治療師的互動與遊戲規則的落實執行，學習與經驗到遵守規則的成功經驗及新的互動技巧，若如果兒童被評估屬於較緊的類型，為了使兒童能盡情表達自己並舒緩容易緊張與焦慮的狀態，治療師運用的策略遊戲規則

就會偏向較爲寬鬆，允許兒童犯錯、表現出不完美也沒關係等態度，讓兒童能從遊戲中經驗到不同於生活中的新經驗，協助兒童舒解其容易緊張與焦慮的狀態。

由此可知，治療師要進行策略遊戲的前提，就是已經概念化兒童，對兒童問題行爲背後的原因、脈絡有了正確的認識，並據此來設計有意圖的策略遊戲。結構式遊戲治療原本是根據此象限提出四種類型的兒童，分別取名爲：王妃公主型、孫悟空型、孤雛淚型、含羞草型。但這幾年的督導與實務經驗，又更細緻的將每個類型再分成兩個類型，因此就從四種類型變成八種類型。茲介紹如下。

一、王妃公主型

皇室貴族的王妃、公主是大家稱羨的對象，但也因爲如此，每位王妃、公主都要以最完美的形象呈現在眾人面前，她的舉手投足、一顰一笑、穿著打扮都必須雍容華貴、氣質高雅。每位王妃、公主的衣著、講話時的表情、上下汽車的姿勢等等，都是有規定及指導過的，不是想笑就笑、想吃就吃、想坐就大剌剌的坐下，她們沒有權力隨心所欲，因爲她們是王妃、是公主。試想在這樣的環境中長期生活，最後會成爲一個怎樣的人？日本妃子、英國黛安娜王妃都被報導曾罹患憂鬱症，我想這和她們缺乏自主、自由決定有密切關係。因此王妃公主型的兒童多半是過度拘謹、追求完美、容易焦慮、不敢做決定，退縮、沒有自信等行爲。他們不是在追求權力，他們是已經被訓練的不曉得自己可以有權力，面對這類型的兒童，治療師就是要鼓勵他們做決定，透過遊戲活動或某些媒材讓他們釋放及做決定，例如指畫、撕紙畫、黏土等活動，就是要他們釋放。

這類型的兒童又可以細分爲：

1. 追求完美型：所謂追求完美型就是每件事情都要做到盡善盡美，不能

有瑕疵、不能有錯誤，例如字要寫得很整齊，本子要保持得很乾淨、玩具要排得很整齊、玩完一定要收回去、他們的穿著都是很得體、很端莊，他們經常在很多小細節上著墨很多，這類的兒童因為對自己的要求高，而導致比別人有更大的壓力，情緒可能經常處在緊張、焦慮、擔心或害怕的狀態。

2. 等待指令型：這類的兒童特別的服從、聽話、每做一件事前都一定要經過許可，不敢擅自作主。在遊戲單元中，其實已經告知這邊的玩具他都可以玩，他還是會很有禮貌的詢問，經過同意才敢去玩，甚至他覺得一定要經過家長的口頭同意才可以去玩。這類的兒童呈現出非常的拘謹、緊張、不知所措的狀態。他們之所以不敢做，常是因為他們覺得自己沒有資格、沒有權力做決定，他就是要聽話。

二、孫悟空型

孫悟空的故事大家都聽過，他行為囂張、大鬧天庭、海龍宮等，只因覺得自己很有能力，應該給他一個官位與權力。後來還是因為如來佛的五指山及頭上的金箍咒將他限制住，他才逐漸的改變與調整。要了解這類型的兒童其實不難，他們就是那種不遵守規範、挑戰權威、調皮搗蛋、欺負同學……等類型的兒童，他們之所以會如此有兩種可能，第一種是他已經習慣當老大，因為被家人過度嬌縱、寵壞了，他是家裡的小霸王，到了學校還是要當小霸王。另外一種則是被過度壓抑及限制的兒童，在離開了權威者的範圍之後，就變得調皮搗蛋，就好像沒有五指山壓住的孫悟空，就會是一隻「潑猴」。這類型的兒童多半在家庭中有一位極權威的照顧者或是施暴者。面對這類型的兒童，治療師就是要讓他們在規則、規範中享受及擁有權力，透過結構性、有規則的遊戲活動與他們互動，並且在他們遵守規則遊戲之後，加以肯定鼓勵，例如結構性的棋奕遊戲、任何有比賽規

則的遊戲。治療師在遊戲過程中溫和堅定的確定好規則就很重要。

　　我再將孫悟空型所細分的兩種類型兒童說明如下：

1. 賴皮卸責型：這類的兒童不會在行為上跟權威者對立反抗，但他經常就是不願意對自己的行為負起責任，甚至會賴皮推卸責任，常會用一種我很累了、我睏了、我不會、我就是不會嘛！你幫我、你就是應該要幫我……等方式推託甚至賴皮。這類的兒童多半都是被寵壞的兒童，或是前述家中的小霸王。在成長過程中，因為照顧者的過度的寵愛、包庇，導致他們經常不用為自己的行為負起責任，加上照顧者可能也經常地替兒童做了他該負責任的事情。這類的兒童若是面對他喜歡做的事就會很樂意地去做，但若是他不喜歡做的事情，就會找很多的理由來推卸責任，或伴隨著生氣、憤怒、可憐、難過的情緒狀態。總之，他們就是一個被寵壞的賴皮小孩或是家中的小霸王。

2. 對立反抗型：這類的兒童就是呈現出衝突、對立、抗拒，甚至會有暴力的行為，他們想要做什麼就要去做什麼，不在乎家長、老師的界線、規則跟規定。所以，這類兒童跟同儕、照顧著及管理者經常出現衝突對立的互動。其實這類的兒童還可以再分成兩種典型，第一種就是前面那種賴皮卸責型的兒童，若一直沒有讓他們學會為自己行為負責任，而是讓他一直賴皮賴皮，那隨著年齡的增長，這類的兒童就會從賴皮不負責任，進而在他的價值觀形成「幫他是應該的，他想要做什麼就可以做什麼，反正有人會處理善後」，又因隨著兒童年紀增長，自主的需求也越來越強烈時，他就從賴皮演變成對立、反抗的行為。第二種就是所謂的壓抑型兒童，這類兒童的生活中，經常是有一個非常嚴格、甚至會虐待他們的照顧者，導致他們在施暴者或嚴格的照顧者前非常壓抑且充滿恐懼、害怕的情緒，但當他一離開這位嚴格的施暴者，就會把他壓抑的情緒發洩出來，方法就以是衝突、抗拒、

對立等行為呈現在其他的環境脈絡及相關人員的互動上。所以，這類的兒童的對立反抗行為，其實是他們內在受傷的一種呈現方式。

由此可知，賴皮卸責型跟對立反抗型的兒童，通常會隨著年紀增長而越來越惡化，因為他們本身自主需求增加了，導致為了滿足內心的自主需求而更容易呈現出對立反抗的行為。因此，面對外顯行為是對立反抗的兒童，我們真的要很細膩的去了解他們對立反抗行為形成的成長與環境脈絡。

三、孤雛淚型

每個人可能都看過《孤雛淚》的書籍或電影，劇中的孤兒沒有得到充分的照顧，也沒受到良好的教育，甚至淪為小偷。有的則是因為父母離異、父母過世、或者是單親後母親再嫁（或同居）、父親再娶（或同居）等產生新的家庭結構後，兒童無法適應新的家庭結構、家庭動力，或是在這新的家庭結構中被忽略或被虐待等，有的則是兒童內在的抗拒、防衛新的家庭成員等因素，使得他們的行為開始出現脫序偏差的行為（鬆）。這類型兒童的脫序偏差行為背後的原因，其實都跟親密需求有很大的關聯，治療師就要了解兒童跟原有親密關係的互動如何？跟新的親密關係的建立又有何問題？治療師如何提供一個新的穩定關係來協助兒童？在此建議透過滋養、撫育的遊戲活動建構一個夠好且穩定的輔導關係為基礎，然後再進一步處理他跟家庭親密關係的議題。另外一種就是媽媽產下一個弟弟或妹妹之後，使得兒童本身不再是全家人關注的焦點，而出現要引起注意的退化或不聽話的行為，治療師面對這類型兒童的介入，就可能要進行親職諮詢，協助其父母多關心兒童。

我再將孤雛淚型所細分的兩種類型兒童說明如下：

1. 渴望關注型：此類型的兒童呈現出來的行表現，都沒有很遵守規則、

規矩。但他們比較沒有出現對立、攻擊、抗拒的這類行為，這類的兒童常常跟家庭結構有很大的關聯。渴望關注型的兒童，就是那種覺得自己在家裡，總是是被忽略的、被孤立的，他之所以會有不聽話、不遵守規則與規矩的行為，其實是在表達他渴望被關注、被看到，這類的兒童有時也會表現出幼稚或退化的行為，也經常會抱怨爸媽偏心、不愛我，嚴重的就會呈現出類似自暴自棄的行為。其實這些都是在告訴照顧者他渴望得到關注。

2. 界線模糊型：這類型的兒童也跟家庭的結構有很大的關聯，例如爸媽的工作是擺夜市的或者是輪班的，導致兒童的上學、放學、功課及老師交代的事情等等家長都無暇關注，導致兒童的某些行為顯得不夠配合，經常是拖拖拉拉、丟三落四、就好像是螺絲鬆掉了一樣。面對這類型的兒童，其實只要有效地協助他遵守界線，執行各種規則、規定的要求，兒童的轉變與進步就會很明顯。

　　由上可知，這兩類型的兒童，一種是渴望被關注、另一種是欠缺正向的關注與照顧，只要能夠具體明確的讓兒童感受到關注，協助其執行界線規則的要求，兒童就會有明顯的轉變。

四、含羞草型

　　每個人都知道只要一碰含羞草，它就會立刻縮起來。在班級中的確也常看到一些害羞、缺乏自信、易焦慮甚至退縮的兒童，他們常是「我不知道、我不會、我不行……」等低自我概念，或是「我會害怕、我不敢、我好緊張……」等焦慮的反應，嚴重一點的就會出現人際焦慮、人際孤立，甚至畏懼上學。另外一種典型就是兒童突然將自己封閉起來、或是避談某些事件，例如一位活潑的兒童突然變得不愛說話，也失去昔日的活潑，原來是因為父母親正準備離婚。也有的兒童會刻意不談某些人或事件，例如

不願多談我的媽媽、我的爸爸或是我的妹妹等。這類型的兒童基本上都是需要關心與關愛的陪伴經驗，治療師要能同理與了解他們內在真正的需求與心情，然後給予大量的肯定與鼓勵，創造一些成功的經驗，提升他們的自尊、自我概念。治療師要在輔導過程中創造一些好的客體，可以用感官感受到的「好的回憶」等活動。

我再將含羞草型所細分的兩種類型兒童說明如下：

1. 退縮沒自信型：這類型兒童經常伴隨著焦慮、緊張、害怕的情緒，之所以會這樣子可能是在成長過程中不斷地被否定、責罵，甚至虐待而導致兒童缺乏安全感，進而在情緒上、行為上表現出退縮沒自信的樣態。在暴力家庭中成長的兒童，有部分會變成對立反抗型樣態，有部分則會顯得退縮沒自信。有時退縮沒自信的兒童外在行為不會顯得很膽小退縮，但他經常留意到周遭環境一些權威者的表情、態度，當他感受到權威者可能不開心、不高興或生氣時，他們就會顯得非常的退縮。總之，這類型的兒童退縮沒自信的根源就是內在充滿了不安全感。

2. 自我封閉型：另外一種含羞草型的兒童，我稱之為自我封閉性。這類型的兒童多半都是在生活中遇到了一些重要的事件，導致他一時無法承受、接受或適應，他就採用了退縮、封閉、逃避的機制，例如面對重大的地震、風災、車禍或重要親人的過世……等等事件之後，這類型的兒童會把自己的感受、心情關閉起來，也不跟人互動，這也就是所謂的自我封閉型。這類的兒童也跟安全感、依附受到破壞有很大的關聯。但這類兒童通常是因為該事件所導致的，因此，如果能夠帶兒童有效紓解這個事件所帶來的情緒及衝擊，對他們就會有很大的幫助。

上述所歸納出四種類型、八種樣態的兒童，目的絕不是在對兒童對號

入座地給予一個「標籤」，這個架構是要協助治療師能更深入的了解兒童行為背後的原因。因此，不管是哪個類型的兒童，治療師都必須是建構一種包容、接納的輔導氛圍，在此基礎之下根據兒童的類型來與兒童互動，這個互動就是一種藝術了，亦即是隨著你對兒童的了解而調整。

　　這個架構的另一目的就是希望治療師可以據此來設計出許多的遊戲活動，但是每個遊戲活動並不是單純的只限定在某一象限，遊戲過程中治療師的態度及與兒童的互動過程，更是影響此策略遊戲會達到哪樣效果的重要關鍵。四個象限的區分是為了讓治療師更清楚地知道如何設計有意圖的策略遊戲；然而每個遊戲活動都可能產生不同的效果，因為治療師的態度及反應的重點才是使遊戲活動產生功能的關鍵，分類只是在於方便解釋及介紹。

貳、治療師運用策略遊戲時應有的態度

　　前述結構式遊戲治療運用四個象限的架構來概念化兒童，其目的就是要讓治療師更清楚地知道如何設計、選擇及運用有意圖的策略遊戲；更重要的是治療師執行策略遊戲過程的態度。筆者根據實務及督導的經驗。歸納出以下四項，分別為：一、建構穩定的遊戲治療架構；二、邀請的態度；三、鼓勵與投入；四、覺察並了解遊戲介入的意圖。

一、建構穩定的遊戲治療架構

　　結構式遊戲治療架構有三個階段，分別是建立正向接觸的開始、遊戲與歷程回顧，而治療關係仍然是介入的基礎與重點。結構式遊戲治療特別強調一開始要建立「正向的接觸」，這種正向的接觸，其實也是在傳達給兒童一個重要訊息：你可以在這裡安心、自在的遊戲，這裡是有趣而且接納你的地方。為達成目標，通常治療師會這樣做，第一就是運用一些媒材

來協助建立正向的關係，例如布偶、介紹遊戲治療的繪本等，在實務現場中發現布偶的運用能協助兒童更快且更容易投入治療，因為布偶能讓兒童以輕鬆有趣的態度來看待治療，治療對兒童而言就不這麼恐怖或不這麼令人感到不安，甚至有些時候有的兒童不太願意和治療師對話或互動，但卻願意與自己的布偶說很多的話以及做很多的活動，因此布偶的介入能協助兒童在治療時感到安心、自在，就能促使兒童更願意投入接下來的遊戲過程。

再則就是結構式遊戲治療強調要建立一個穩定、可預測、有趣、好玩、輕鬆的氛圍，所以，治療師建立明確穩定一致的時間、空間界線，搭配從正向接觸的開始、遊戲到儀式感的結束活動等穩定的三階段架構，就是結構式遊戲治療在相關理念及實務經驗中建構出來的一個有意圖的架構。

二、邀請的態度

結構式遊戲治療相對於兒童中心遊戲治療，是一個較為主動介入的治療模式，結構式遊戲治療不僅會透過學校及家長所提供的基本資料來理解兒童，也會在治療過程中透過診斷遊戲與策略遊戲來理解兒童的狀態，而診斷遊戲與策略遊戲的介入必須透過治療師的「邀請」才能在治療過程中加以運用，但為什麼是「邀請」而不是安排呢？這其實與結構式遊戲治療的精神奠基於兒童中心遊戲治療有關，根據Lenthrenth所描述，兒童中心遊戲治療的基本精神為尊重、接納兒童的本質且相信改變的力量在兒童本身，基於此精神之下，結構式遊戲治療的介入仍然以兒童為主，我們會尊重與接納兒童的樣子，包含他的決定與意見，因此在進行策略或診斷遊戲介入時不會說：「小明，老師已經準備好這個遊戲，等下就開始進行」，取而代之的是：「小明，老師準備了一個遊戲，或許我們等下可以一起

玩，當然你自己可以決定要不要玩」。治療師雖然是一個主動的人，但仍尊重兒童的意願，因此運用邀請的態度十分重要，我們並不想營造兒童來到治療室就必須遵守或參與特定活動，原則上還是以尊重兒童的意願為主，我們仍然希望在介入的同時，兒童也能自我決定並且從中建立自信與自尊，因為我們相信兒童自願參與、投入就是改變的開始，改變的力量在兒童本身，因此基本介入的精神還是不脫離兒童中心遊戲治療的精神。

另外，我們在實務現場常常聽聞治療師進行結構式遊戲治療時會有些困難，特別是在「邀請」兒童進入治療師預備的診斷遊戲或策略遊戲的時候，治療師時常會有過度的期待，期待每位兒童如奇蹟般的都答應治療師的邀請，並且非常投入治療師所預備的診斷遊戲或策略遊戲中。相反的，現實常不是如此，別忘記了兒童原本在遊戲室裡是可以自由遊戲的，他們為什麼會平白無故答應治療師的遊戲邀請呢？因此治療師邀請的態度應該抱持積極、鼓勵的方式，並且保持任何開放、尊重的態度與彈性，例如治療師邀請兒童進行語句完成測驗時，兒童很不想動手寫字，此時治療師不應該就此放棄，可以積極的想想其他方式，甚至邀請兒童一起來想想辦法，我們可能會詢問兒童：「琳琳，老師很想和妳一起玩這個遊戲，為了更加了解妳，讓妳在這裡和學校過得更快樂，但妳似乎不想動手寫字，那我們一起想想有什麼辦法，同時可以讓老師透過這個遊戲更了解妳，妳又能夠很輕鬆。」當治療師在進行遊戲介入時，如果能以此種開放的態度與兒童接觸與邀請，通常大部分的兒童會與治療師一起想想辦法，或許在治療師開放的態度邀請下，兒童會提議用說的方式回答語句完成測驗問題，而治療師則負責幫忙寫下來，這樣一來既可以滿足兒童也能協助治療師取得想要的資料。在進行診斷遊戲或策略遊戲的邀請時，記得我們的主要目的是讓兒童願意投入與參與我們所預備的遊戲，我們應該試著保有一定的空間與彈性，隨時因應兒童當下的狀態而有變化，並不是一味的一定要兒

童完全按照原先既定的遊戲方式來進行。當然，在我們積極鼓勵與邀請下，兒童還是有可能會拒絕，此時治療師可以怎麼做呢？我們可以試著感謝兒童考慮過治療師的邀請，並且告訴他們下一次準備好的時候，我們會再邀請他們試試看，在兒童拒絕時，我們仍然抱著尊重的態度，並且給彼此留有一些空間，因為我們相信治療師給予兒童一定的尊重與空間，日後兒童也會給予相對的回應。

三、鼓勵與投入

　　在結構式遊戲治療中，治療師會主動介入診斷遊戲或策略遊戲，這些診斷遊戲或策略遊戲的設計是源自於治療師對於兒童議題的理解及需求，同時也跟治療師自身的治療風格有關。在實務現場中，我們發現治療師在進行他們所介入的遊戲時往往會遭遇一個問題，就是兒童不願意也不投入。首先，在談論該怎麼解決以前，治療師最好能了解自己介入的期待以及意圖，我們知道大部分的治療師在兒童開始進入遊戲治療之前或過程中，會準備許多設計過的診斷遊戲或策略遊戲，此時治療師不免會對兒童的參與有所期待，例如可能期待兒童在一次單元裡就完成語句完成測驗的所有項目，或者期待兒童能自己獨立完成全部的項目。但在實務現場中有時不會如此順利，可能會發生兒童沒有意願或抗拒進行治療師邀請的診斷遊戲或策略遊戲，有些治療師會在這個關鍵時刻卡住，甚至破壞了與兒童的關係，例如兩人對自己的選擇僵持不下，形成兒童想結束遊戲，但治療師想要兒童繼續進行的情形。

　　要如何因應這樣的狀況呢？其實很簡單，首先就是回到兒童中心學派遊戲治療的精神，反映兒童當下的狀態，如他的情緒、內在的想法、想玩自由遊戲的意圖。

「喔！要寫這些語句完成測驗，有點煩，不想寫！」

「寫這些要做什麼？可不可以不要寫？」

「喔！好想再繼續玩遊戲，不要做這些活動啦！」

　　前述也講到結構式遊戲治療相對於兒童中心遊戲治療是一個較為主動介入的治療模式，因此在做了前述的一些反應之後，接下來治療師「鼓勵」的態度就相當重要，治療師的鼓勵態度具有以下三個內涵或表現：

1. 在做出反應之後再次邀請

　　亦即當治療師提出邀請之後，若感覺到兒童抗拒、沒有意願、不感興趣……等樣態，首先就是反映兒童當下的狀態，當治療師做了反應之後，可以再次邀請兒童來進行此活動。因為，當治療師正確地反應出兒童當下的狀態，讓兒童感受到被了解、被接納之後，此時治療師再次的邀請可能就會產生效果。而且治療師再次邀請時，可以把該遊戲活動的物件或材料更靠近的呈現在兒童眼前，這都是一種積極的尊重、接納與邀請。

「所以，你不想寫這些語句完成的活動，寫這個有點累不好玩。其實這不是作業也不是考試，你想怎麼寫都可以的！試試看。」

「想怎麼寫都可以的，也挺好玩的喔！」

「你好想繼續玩，不想編故事。不過你就先從這些圖卡中選一張出來，再來決定要不要編故事！」（把圖卡拿得更靠近兒童）

「你想繼續玩汽車，不想畫圖。不過一開始我們就已經講好今天要畫圖的喔，下週你可以繼續玩汽車。」

2. 提供一種兒童可以自主決定的氛圍

有關結構式遊戲治療所介紹的診斷遊戲或策略遊戲，雖然會介紹進行的步驟，但因這些遊戲活動也都是遊戲的形式，因此可依照兒童喜歡的方式進行。

例如邀請兒童進行一句話書籤、寫卡片等活動時，治療師僅需提供夠吸引兒童的素材即可，兒童要選哪些素材、撰寫怎樣的內容……等，都可以由兒童自行決定！選束口袋中的物件時，兒童手伸進束口袋中時，要如何選出物件都是兒童可以決定的。邀請兒童進行圖卡編故事過程時，兒童也可以自行決定要選哪一張、如何編、編的內容……等等，筆者的經驗就是當提供兒童一個自主決定的氛圍時，兒童會更願意逐步的參與及投入。

3. 活動設計的更遊戲化、趣味化、互動化

不管是自由遊戲、診斷遊戲或策略遊戲都是「遊戲」，若讓兒童覺得像是一個測驗、一個考試、一項作業等，就可能會影響兒童的投入，有的兒童甚至會抗拒參與。尤其診斷遊戲或策略遊戲都由治療師邀約兒童進行，更要讓兒童感覺這是一個遊戲，且是一個有趣的活動或互動。

例如邀請兒童畫圖、畫曼陀羅、吹畫、寫卡片等活動時，治療師也跟著兒童一樣創作畫圖、寫卡片。有時候製作小書或回顧短片時，可以邀兒童一起選相片，讓兒童有參與感就是一種很好的互動，不會覺得是一個測驗、一個作業。進行語句完成測驗時，將題幹寫在竹棍上，然後像在廟裡抽籤一樣，治療師和兒童猜拳，輸了的人就抽一支籤，念出題幹並完成一句話，這就是把語句完成測驗遊戲化。

總之，即使是自由遊戲也會有兒童因抗拒、焦慮、安全感不夠……等因素而不去玩，由此可以推斷治療師邀請兒童進行診斷遊戲或策略遊戲時，仍然可能會遇到兒童不想玩、不想參與的狀況。治療師就是以鼓勵、接納的態度邀請兒童進入遊戲，我們不期待兒童一定要立刻全心全意的投

入，或兒童一定要喜歡玩我們設計的遊戲，但我們接納兒童所有的反應，如果兒童在當下沒有辦法投入，我們也會選擇去理解、接納兒童的選擇，當然我們也不放棄任何一種彈性的變化，也會更積極的鼓勵與邀請。

因此結構式遊戲治療在邀請兒童進行診斷遊戲或策略遊戲時的「鼓勵」，包含了對兒童的邀請、理解以及不放棄的態度；當然，如果兒童完全拒絕遊戲，我們也會放下期待，轉而思考兒童這些選擇背後的意義、原因，以及治療師做了什麼，或少做了些什麼。

治療師若能以上述態度來面對兒童的投入或不投入遊戲，都可以更促進對兒童的了解及關係的建立。

四、覺察並了解遊戲介入的意圖

在實務現場中，常看到一些治療師聆聽筆者或其他治療師分享運用診斷遊戲或策略遊戲的經驗，或者看見了一些感覺不錯的遊戲時，就會拿來運用在自己的兒童上，這無關對錯好壞，但筆者更期待治療師運用診斷遊戲或策略遊戲時，是建立在對兒童的深刻理解基礎上，並且清楚自己介入的意圖。試想如果連治療師自己都不知道為什麼運用這些策略遊戲介入，或不理解這些策略遊戲的運用對兒童會產生怎樣的影響，那就好像瞎子摸象甚至是病急亂投醫，這不是一個專業治療師應有的作為。

治療師對自己運用策略遊戲意圖的理解與兒童概念化息息相關，當你正確概念化兒童之後，你了解他是一位怎樣的兒童，就可以專業地選擇某項適當的策略遊戲，來滿足他的內在需求或調整他的行為。在結構式遊戲治療中，每項策略遊戲都可能具有一種或多種意圖，不同的策略遊戲可能會有相同的意圖，或一個策略遊戲可以同時包含多種不同的意圖，這完全依照兒童的情況、治療師的風格與兒童的議題而有所變化。

例如面對一位經常挑戰老師、父母所設定的界線之兒童，治療師邀請

他玩塗鴉遊戲，目的就是透過自由自在的塗鴉滿足他自主的需求，但必須將每個區塊塗滿顏色，且不可以超出區塊，且要一個區塊一種顏色的塗完塗滿，這過程就是要兒童學習遵守指令及自我控制。

又如一位缺乏父母關愛的兒童，治療師可能會更常在遊戲治療過程中，運用布偶客體跟兒童互動，讓兒童藉由布偶客體獲得安全感與支持。或治療師得知兒童參與語句完成測驗的興致不高，因而轉變以遊戲的形式邀請兒童投入，進而提高兒童的參與意願。

以上這些都是在說明治療師對兒童的議題有明確的理解，也清楚每個策略遊戲的功能及效果，同時也能視介入策略遊戲時的當下狀況作適當的調整，才符合結構式遊戲治療診斷遊戲或策略遊戲介入的原則。因此筆者強力的建議治療師在以策略遊戲介入之前，先針對兒童議題有概念化的認識，有助於治療師日後進行介入的理解，並且在過程中不斷審視自己介入的意圖，使自己能掌握治療的每個過程。

參、結構式遊戲治療之策略遊戲的正向轉變機制

「知其然，還要知其所以然」，身為一個結構式遊戲治療師在進行遊戲治療過程，治療師所做的每一個技巧反應、應用自由戲、診斷遊戲或策略遊戲的決定，都應該了然於胸。要做到這個地步，就是要了解結構式遊戲治療的正向轉變機制，在筆者修訂版的結構式遊戲治療：接觸、遊戲與歷程回顧書中，也有專章介紹結構式遊戲治療之轉變機制，而本小節則是針對策略遊戲具有的轉變機制來加以說明。在此，將這些正向轉變機制歸納如下：一、結構化的開始與結束；二、親與疏的機制；三、調整鬆與緊的狀態；四、滿足親密與自主需求；五、擴大與延長治療效果。這些治療

理念貫穿三階段的治療架構。以下分段解釋各個治療理念的概念與意涵。

一、結構化的開始與結束

　　在結構式遊戲治療中，「結構」的概念相當重要。在談論結構代表的治療意義之前，或許可以先試想一下結構帶給你的感覺為何？例如參與了一堂很有結構的課，意味著講者可能在一開始就告知學員這堂課進行的方式、教授的內容大綱、欲達成的目標等，此時學員會有什麼感覺呢？原本不熟悉的講師、不熟悉的環境，因為對課程的結構有所了解，因此可能對整體課程和講師就更有掌握感、熟悉感、安全感，因為學員知道目前進度和接下來的內容。回到「結構」在治療中的意義，治療師將治療過程「結構化」，意味著將治療塑造成一個有規律、可預測、穩定且一致的狀態，兒童每次進行治療時都能預先知道開始到結束可能會進行怎麼樣的活動、哪些時候是可以充分自主的、哪些活動是像儀式般的每次都會進行，這樣治療的結構化能提升兒童的控制感與安全感，特別是對具有創傷的兒童。記得在八八風災時，當時的救難隊因應現場狀況臨時將小林村受戶的鄉民（含兒童）安置在兩處，一處由社福單位接管，另一處則是先安置在軍營中，風災過後的幾個月，我們發現安置在軍營裡的鄉民（含兒童）竟然比社福單位接管的鄉民（含兒童）調適的更好，究其原因，軍營裡的鄉民（含兒童）和軍人有一樣規律的作息、一致的活動，在軍營裡凡事都能預測與掌控，使得他們逐漸恢復穩定的狀態。從這個例子我們可以看見「結構」對兒童而言具有重要的影響力，而為什麼兒童能因為外在環境的結構化而影響自己的內在狀態呢？因為這與兒童內在的表徵世界有關，兒童的內在表徵世界是倚靠外在的世界所建立的，有可能是父母或親近的熟人，當父母建立出一個穩定、可預測及一致的態度與環境時，兒童在情緒與認知上也能建構出一個相對穩定的狀態。我們時常教育父母若家中發生不幸

事件，只要父母的態度平穩且可預測，兒童通常不太會受到不幸事件多大的影響，因此我們可以知道「結構」所要帶出來的治療元素其實就是一個可控制、可預測、穩定與一致的狀態，我們不僅是強調治療師個人是一個可預測、一致且穩定的人，也強調塑造一個可控制、可預測、穩定與一致的治療環境，藉由治療師與治療過程的結構化就能加乘治療的效果。

因此，在結構式遊戲治療的操作中，我們會秉持三段式的概念來進行治療，三段式的架構能提供治療歷程更加結構化，另外在治療的開始與結束的儀式活動（遊戲）也能加深結構化的治療理念，例如治療開始的布偶客體運用以及治療結束前的束口袋活動都能創造這些效果，活動的操作會在下一章介紹。

二、親與疏的機制

親與疏的機制其實是描述一種心理動力的概念，如果害怕或擔心談論某些事情時，我們經常會用逃避、閃躲的方式來面對，但我們其實又有表達及渴望被了解的需求。在親與疏的治療理念中，最常看見的實務案例是透過投射性的表達創作與扮演遊戲進行表達，例如以畫圖運用在一位遭受家暴的兒童為例，此位兒童的畫作可能會出現一隻很大很大的熊，伴隨另一隻很小很小的熊，大熊看起來暴跳如雷、大發雷霆，小熊只能縮在角落哭泣，當你邀請兒童說明這幅畫作發生了什麼事情時，他描述的是熊熊家族的故事，而不是自己家的事，這就是「疏」的機制展現，亦即讓兒童保持一個安全、自在的距離接觸一件痛苦的生命經驗。而在兒童講述熊熊家的故事過程，治療師適當地給小熊情感反映，治療師自身或運用布偶客體撫育、安慰小熊的過程，雖不是直接撫育、安慰此位兒童，卻可以讓遭受家暴的他感受到被撫育、被安慰，這就是「親」的機制。亦即可以透過撫育、安慰故事中象徵或兒童投射的人物，卻也能讓兒童感受到就好像自己

被撫育、被安慰。

　　治療師適當地運用這個親疏的機制，可以讓兒童更容易地表達自己所經歷的事件、感覺、想法與需求，且能避免這事件帶給他的直接衝擊，減緩他的焦慮與壓力。治療師再針對自己對兒童議題的理解來加以判斷他表達的內容與其關係，就能引導兒童更深入地探索其所遭遇的困境。

三、調整鬆與緊的狀態

　　筆者一直強調結構式遊戲治療的策略遊戲一定是建立在對兒童的了解之上，也就是當我們概念化兒童，清楚了解兒童問題行為真正的原因為何之後，才是應用結構式遊戲治療之策略遊戲來協助兒童的最佳時機。通常我們在概念化兒童過程中，了解兒童過緊或過鬆的樣態時，筆者就很鼓勵治療師透過遊戲、活動，讓過緊的兒童體驗到放鬆的經驗體驗，過於鬆的兒童能夠感受到自我掌控或遵守界線時被肯定被看到的這種經驗。這樣的經驗對兒童非常有正向影響與幫助。

　　例如一個過於追求完美，凡事都要達到既定標準才可以接受的兒童，當治療師邀請他玩黏土、玩水彩或玩沙，自然就是在讓這個孩子放鬆，體會無法或不去掌控的經驗。反之，過於鬆散、賴皮、不遵守規範的兒童，治療師則是邀請他們進行有規則性的、有步驟性的、需要控制的遊戲活動，例如玩疊疊樂、下棋、射飛鏢等，在這類遊戲過程中，孩子一方面投入遊戲，一方面也在學習遵守規則跟自我掌控，再搭配治療師的反應，這就提供了兒童自我掌控、遵守界線的經驗與體驗。

　　總之，結構式遊戲治療的策略遊戲應用，就是讓兒童有不同於其平日行為的經驗與體驗，協助太過於鬆或緊的兒童盡量更往中間靠攏，變得更加有彈性一點，就能產生治療效果。

四、滿足親密與自主需求

結構式遊戲治療之策略遊戲的另一個意圖，就是透過遊戲與兒童的互動來滿足孩子親密與自主的需求。親密、自主的需求是所有兒童，甚至可說是所有人都渴望的。亦即沒有困擾的孩子仍然會有親密與自主的心理需求。只是當一個人在親密或自主需求嚴重匱乏不足的時候，就會在行為、情緒或人際互動上出現嚴重的困擾或問題。結構式遊戲治療非常強調在兒童的問題行為脈絡中來看其問題，也就是要看懂兒童問題行為所傳達的心理需求。例如兒童出現愛講話、不聽話、賴皮的行為，有可能是渴望得到關注，也有可能是想要自主、自己做決定。

當我們看懂孩子行為背後的心理需求，結構式遊戲治療就會透過陪伴過程的反應，或設計一些遊戲活動互動來滿足孩子內在的心理需求。例如一位賴皮、不負責任的兒童，在遊戲治療過程中，有關界線的一致與穩定執行就顯得特別的重要，但若這位兒童的賴皮、不負責任是渴望得到關注，那在過程中，只要兒童有遵守界線，治療師就要立刻給予反應與關注，甚至透過拍照、見證來滿足兒童被關注的需求。反之，若兒童的賴皮、不負責任是想擁有自主及決定權，那治療師在設定具體一致的界線之後，只要兒童沒有逾越界線，就要讓他擁有完全的自主與決定權。

又若是一位在成長過程中不斷地轉換照顧者，或沒有得到穩定照顧的兒童，在結構式遊戲治療過程中，治療師建構一個固定規律充滿儀式感的滋養撫育互動，例如布偶客體、束口袋、百寶盒等活動（詳細內容請參酌筆者作品：《結構式治療：接觸、遊戲與歷程回顧》，來滿足兒童需要滋養、撫育及安全感的需求。

結構式遊戲治療的策略遊戲應用，是要滿足兒童內在的心理需求，過程中，治療師的反應或邀請遊戲活動都有意圖，但這個意圖是建立在對兒童的了解之上，所以，有意圖的策略遊戲仍是尊重兒童，以兒童為本位。

五、擴大與延長治療效果

　　每種治療學派或模式皆重視治療的成效，結構式遊戲治療也不例外，因此在治療的當下，我們會嘗試擴大治療的療效，擴大的方式與借用敘事治療的見證概念息息相關，當一個兒童正展現自己的優勢能力時，除了治療師具體指出之外，如果還有其他人看見，那這樣的正向優勢能力就容易保留下來，兒童會感受到原來不只有一個人知道，而是大家都知道。但治療歷程中不總是有其他人在現場見證，因此結構式遊戲治療結合布偶客體的概念，利用布偶來指出兒童的正向優勢能力，讓兒童不只是被治療師看見，也被另一個人「布偶」看見，這樣的療效就能擴大，例如利用布偶說：「你看，小明越來越會告訴我們他的心情了喔，他知道該怎麼表達。」兒童這樣的行為被看見、被強調，就能保留。除了擴大原先的治療成效之外，我們也常在思考怎麼讓療效延續在治療結束之後，因此治療時出現過的物品可以讓兒童帶回家，例如布偶、兒童接受治療的照片、小卡片……，任何能幫助兒童提取記憶的東西都可以，我們相信當兒童看見這些東西時就能喚起曾經接受過治療的經驗，也能讓成效在他的日常生活中持續下去。

　　上述這五點正向轉變機制可以說是整個結構式遊戲治療的「架構」、「結構」所產生的治療元素，對這五個正向轉變機制的了解，更可以明白為何稱之為「結構式」遊戲治療，也更能夠理解這個「結構」、「架構」所帶來的效果。

第二章 遊戲室中進行的策略遊戲

壹、結構式遊戲治療之架構策略遊戲

　　結構式遊戲治療的架構共有三個不同的階段，分別為正向接觸的開始、遊戲與歷程回顧。這樣的架構看似簡單，但筆者一直認為只要遊戲治療師能穩定的建構好這個「架構」，這個「架構」本身就具有治療效果。

　　「正向接觸的開始」就是要讓兒童、治療師及布偶三方開啟正向的連結與互動。可以說是在為整個結構式遊戲治療的架構奠定基礎，讓後面的遊戲與歷程回顧都可以順利展開。本書所介紹有關正向接觸開始相關的策略遊戲分別為：布偶客體的建構、束口袋活動、感覺箱的建構以及感覺箱延伸應用的嗅覺瓶活動。這些策略遊戲基本上都以依附理論及客體關係理論為基礎，因此要求治療師固定且規律地執行，建構成一個儀式般的活動，就能隨著時間而越來越有正向的連結效果。

一、布偶客體的建構

(一) 建構過渡（布偶）客體的理念

　　結構式遊戲治療的布偶客體，其實就是「過渡客體」概念的延伸應用。結構式遊戲治療介入之初，都鼓勵治療師建構一個與兒童連結的布偶客體，這幾乎是結構式遊戲治療的典型作法。但不是只能局限或僵化地運用布偶客體。當你閱讀完以下有關「過渡客體」概念的說明之後，相信讀者除了更了解布偶客體這一典型作法之外，還會因治療師與兒童間的正向

互動，而衍生許多類似於布偶「過渡客體」效果的物件或活動。有這樣的理解與效果之後，才是真正了解結構式遊戲治療「建構布偶客體及正向連結」的理念。

喜歡聽辛曉琪的《味道》這首歌嗎？或許一段感情結束了，但卻無法忘懷他的「味道」。你可曾有「觸景傷情」的經驗？你可曾看過當一位長輩手拿著一張泛黃的照片之際，他似乎又回到過去神采飛揚的年紀！兒童喜歡和爸爸媽媽一起看著他剛出生、滿月、1歲、入幼稚園、去遊樂園玩等成長過程的相片，因為這樣的過程，他可以深深感受到自己是被關愛與照顧的。我們若出國時間比較長，也會懷念家鄉的食物、房間的床鋪棉被。上述這些生活中常見的經驗，其實都具有建構一個人安全依附的效果。

筆者認為不同年齡、不同性別的人都要有所依附，只是依附的客體不同。依附理論、客體關係理論都強調出生後的嬰幼兒與照顧者的關係，照顧者的照顧品質對嬰幼兒的情緒及安全感有深遠影響。

諮商或遊戲治療過程就是一個關係建立的過程，遊戲治療關係也會有結束的一天，讓兒童離不開治療師不代表遊戲治療的成功，但讓兒童帶著遊戲治療過程中感受到的安全感、能力感，且充滿自信、自尊的結束，就是成功的遊戲治療。而「安全感」、「能力感」、「自信」、「自尊」等感受是抽象的，若這些感受都能與一些物件有所連結，好比前述提到的相片、食物、床鋪棉被，那這些物件就是所謂的過渡客體。

由此可知，治療師在與兒童建立關係或陪伴遊戲過程的同時，若能運用一些具體的物件，建構成具有過渡客體的內涵，那這些物件就更具治療效果了。這些物件在遊戲治療結束時送給兒童，那遊戲治療過程中正向的體驗、經驗與感受就會一直伴隨著兒童。

(二) 建構過渡（布偶）客體的實務應用原則

前述提到「布偶客體」是「過渡客體」概念的延伸應用，也是結構式

遊戲治療的典型作法。但在結構式遊戲治療過程經常也會建構出布偶之外的其他具過渡客體內涵的物件或行動，這些物件或行動非常多元，也不是治療師刻意創造的。但只要符合下述的應用原則就有此效果。

1. 滿足兒童的親密性和一致性的需求

安全依附關係的建立，是需要治療師透過實際的互動，滿足兒童的親密和被關注的需求，治療師可藉由一些行為，如微笑、視線接觸、適切的口語反應和適宜身體接觸，來表現和傳達關注，並滿足兒童的親密需求，使得治療師與兒童彼此感受到安全感及親密感。另外就是上述有關可以滿親密需求的活動，若再搭配固定而有規律地進行，那效果就會更明顯，這個固定而有規律就是一種「一致」。後面提到建構儀式性的活動，也就是此理念的應用。亦即，要建構過渡客體就必須符合「親密」、「一致」兩個必要條件。

2. 建構伴隨「親密」、「一致」兩條件的具體物件，成為兒童的過渡客體

一個含有正向情感連結又具有象徵意義的物件，都是非常好的客體。每個人在不同階段都可能會有不同的客體，不僅限於三歲以前的安全依附客體—照顧者（照顧品質）。例如，結婚儀式中男女生交換的戒指，比賽勝利時得到的獎盃、玉山攻頂留下來的相片或證書、你的第一支手錶……等等，這些物件都有其意義，而且這些物件都蘊含著一段故事，這些物件都是極好的過渡客體。

遊戲治療師在遊戲治療過程中，固定規律出現且能滿足兒童的親密需求的物件或某些遊戲活動過程留下的作品、相片……等等，都可能成為象徵著兒童與你之間「夠好的」關係的過渡客體。

3. 建構或喚醒具有感官正向經驗的物件

筆者強調人的感受、體驗是記憶在感官中的，一張相片（視覺）、一碗幼時媽媽常煮的麵（味覺）、一首中學時代偶像的代表歌曲（聽覺）、

媽媽睡覺前抱著你講故事時的味道（味覺）、在機車後面抱著爸爸的感覺（觸覺）等等。這些感官的感覺看似平常，但常是你跟某人重要的連結，極富意義。

筆者多年遊戲治療的實務工作中，就發現一些年紀很小又長時間在育幼院、安置機構（非寄養家庭）長大的兒童，他們很難提及一件對他們有意義，且又帶有正向情感回憶的物件。因為他們在成長過程中，這種跟某一個人正向情感連結的經驗非常匱乏。

因此在面對這類兒童時，遊戲治療師有時要運用某個感官感受的物件，來引導兒童喚起心中舊有的正向情感記憶。或是建構可以讓他們的感官有正向感受的物件，例如每次遊戲單元結束前，遊戲治療師分享事先準備好的巧克力給兒童吃，這樣的活動持續一段時間，這個巧克力的味道就有可能具有正向連結的效果。

總之，治療師在遊戲治療過程中，建構一些固定規律出現且能滿足兒童親密需求的物件，或有正向感官感受經驗連結的物件，都能產生過渡客體的效果。而這些物件可能是治療師刻意建構的，例如布偶客體、束口袋活動。也可能是在遊戲治療過程中兒童自發創造的，例如兒童每次要離開遊戲室之前，都會拍拍布偶客體的頭；或只要畫圖，就一定要畫上一個象徵開心的笑臉。上述物件有的可以保存到結案時送給兒童，但有些是一個動作或無法保存下來時，也鼓勵將這個動作、表情拍照留下來。

(三) 建構布偶客體的具體過程

有關建構布偶客體的作法，大概有以下幾個步驟：

準備

1. 治療師根據兒童的性別、年齡、背景、轉介問題及初次晤談後的感受等資料，決定好某種造型的布偶。若兒童無特別明顯喜好或討厭的造

型類別，通常就是選擇絨毛或布質的動物造型布偶。

2. 建議準備2個布偶讓兒童選一個。

執行

1. 相見歡：布偶客體和兒童的相見歡分為第一次遊戲單元的見面，和以後每次遊戲單元的見面。

　治療師準備兩個布偶之後，於第一次遊戲單元過程中，在自我介紹及說明相關事宜之際，就可以拿出準備好的布偶，讓兒童選擇一個。

　　「噹噹噹！小明你看，這是老師為你準備的兩個布偶」（治療師拿出事前準備好的布偶，在兒童面前展示）

　　「來，你要不要抱抱看？」（將兩個布偶拿給兒童）

　　「好！小明現在你要選一個布偶，然後這個布偶每次都會跟老師一起在這邊陪你玩。」

2. 命名：當兒童選定某一個布偶之後，邀請兒童為此布偶命名。命名是一很重要的步驟，當兒童命名之後，這個布偶與兒童就有了連結，然後每個遊戲單元布偶都會出現直到結案，這樣的過程就是在讓這個布偶建構成具有過渡客體的內涵。

　　「小老虎布偶，小明喜歡你喔！那小狗狗給老師。」（治療師拿走沒被選上的小狗布偶。）

　　「小明，嗯，你選了這隻小老虎布偶！」

　　「小老虎好開心被你選上了，然後小老虎也會跟老師一樣，每次你來的時候都會來陪你。」

　　「好！現在老師要請你為小老虎取個名字。」

「好，就叫他小可愛。」

「嗯，你以後就叫做小可愛喔！」（治療師對著布偶說話）

3. 連結：前面理念介紹中提及，要讓布偶客體建構具有過渡客體的內涵是需要「固定規律」和「一致」的出現，其實這就是連結，而且是一種正向的連結。要做好布偶客體跟兒童的正向連結有幾種基本具體作法：

(1) 接下來於每個遊戲單元，遊戲治療時間都帶著此布偶和兒童見面，並以此布偶和兒童打招呼、問候，甚至運用此布偶和兒童進行撫育性的互動，例如以此布偶和兒童握手、親兒童臉頰、讓兒童抱抱等互動。「固定規律」和「一致」於每次見面都進行。

(2) 治療師在每次結束時，也以此布偶和兒童說再見，甚至也可以擬人化的以布偶角色，回饋給兒童或對兒童做歷程回顧。

「小咪（小白兔布偶），你今天看到小明做了些什麼呢？」（治療師邊問布偶，邊將布偶靠近兒童）

「嗯，我看到小明今天一來就先到娃娃屋，然後……」

……

「來跟小明再見。」（將布偶交給兒童）

「來，小明抱一下小咪，然後也跟他說再見～」（將布偶交給兒童）

(3) 在遊戲治療過程中，治療師運用布偶客體進行「連結」、「見證」、「鏡射」等技巧反映。這樣的過程可以讓布偶客體跟兒童的連結更緊密，同時也可能觸動到兒童的深層內在感受。

連結

「小明，小可愛（布偶客體）也想過去看你怎麼排列那些士兵和武器。」（小明在玩兩軍對抗遊戲，擺設兩軍的士兵及武器）

「來！要離開了，抱一下小可愛。」

見證

「小可愛！你看小明做到了，將那些串珠串成一條項鍊了！」

「來！來！小可愛！小明專心的瞄準」……「嗖！射出去～」「射中！8分！」（小明玩射飛鏢的遊戲）

鏡射

「好痛、好痛！不要再打我了，我好害怕！」（小明玩著小可愛弄翻杯子，在處罰小可愛的遊戲內容，此時治療師是以小可愛的角色反應）

「我好難過，都不理我，讓我一個人在這邊，我很孤單，來啦！來陪我啦！」（小明生氣的將小可愛丟到地上，並說「不理你了」）

結束

1. 上述介紹的三種連結方法從第一單元就開始執行到結案。

2. 布偶客體在結案時是搭配「遊戲小書」進行「歷程回顧」，因為布偶客體也參與了整個遊戲治療，然後治療師親手把此布偶客體送給兒童。

「小明，今天是我們的最後一次了！！剛才我們也回顧了我們的遊戲過程！」

「很開心又有點不捨的樣子！」

「今天這本遊戲小書和你最喜歡的巧克力都要送給你，以及……」

「噹噹噹！我們的小可愛，也要跟你回家喔！」

「雖然今天以後，你就不必來遊戲室了，但小可愛還是可以天天都陪著你，他可以陪你玩，也會聽你說一些高興、開心或難過的事情喔！」

「來！小可愛讓你抱了！」（將布偶客體給兒童）

在筆者多年的遊戲治療實務經驗中，發現布偶客體真的極具功效，能產生令人驚豔的正向治療效果！鼓勵大家多去運用體會。但記得要把握住滿足兒童的親密性和一致性的需求，因此一定要堅持從第一次到結案都要不斷地運用布偶客體與兒童連結。

(四) 過渡客體的延伸運用：生命中具有重要意義的物件

前述提及過渡客體理念時，說到不同年齡、不同性別的人都要有所依附，只是依附的客體不同，因此，在運用過渡客體理念於結構式遊戲治療實務時，並不是只能運用布偶。之所以會特別鼓勵運用布偶的原因，是因為遊戲治療對象都是學齡及學齡前的兒童，而布偶對於這階段的大多數兒童都很具吸引力及親和力。而且這個布偶是治療師建構的，因此這個布偶象徵的是兒童與治療師及遊戲治療的連結。

在筆者多年遊戲治療的實務經驗中也發現，每位兒童也都有在其生命中具有重要意義的過渡客體或渴望的物件及活動，例如：

「我很懷念已經死掉的小狗。」

「我覺得媽媽就像天空中的星星。」

「我希望生日的時候有人為我慶生。」

「我好想養一隻兔子。」

此時，治療師就可以利用兒童所提及的物件或活動，依據過渡客體建構的原則，建構一個更貼近兒童內在與生命經驗過渡客體，筆者相信這個過渡客體可以產生更巨大的效果。

曾有一位相當沒有安全感的九歲小男生、在遊戲過程中常常談到小時候最喜愛的一隻小貓，但那隻小貓被媽媽送給別人了。他一直還很懷念這隻小貓。

治療師聽了小男生幾次的描述之後，就請小男生描述印象中的小貓，然後找到了一個類似他所描述的小貓布偶，當治療師帶這個小貓布偶到遊戲室時，你可以想像他是有多麼的驚訝與開心。也因為這個小貓布偶讓整個遊戲治療過程有了很正向的轉變，男孩很喜愛這個小貓布偶，總是帶著它進行遊戲。這個小貓布偶促進了兒童和治療師的連結（bounding）。結案之後，小貓布偶讓男孩帶回家，也就是將治療師及正向的遊戲治療過程象徵帶回家，這也能將遊戲治療的成效繼續延伸下去。

總之，建構過渡（布偶）客體的理念是結構式遊戲治療很重要的基礎，可以說是貫穿整個結構式遊戲治療的架構，布偶客體的運用就是此理念最直接具體的實踐。唯在遊戲治療過程中，若發現某個在兒童生命中具有重要意義的物件或活動時，要及時把這個物件或活動帶進結構式遊戲治療中，筆者相信這個物件或活動能帶出兒童的轉變，也能促進兒童與治療師間的關係建立與正向連結，將非常具有治療效果。

二、束口袋活動

(一) 理念基礎

結構式遊戲治療非常重視與兒童的關係，相信建構一個正向且獨特的陪伴經驗是治療有效的重要元素。在陪伴的過程中，同時也要滿足兒童親密與自主的心理需求。前述介紹過渡客體應用原則的第3點，也提到建構

或喚醒具有感官正向感受的物件。

就在這樣的理念架構下，結構式遊戲治療鼓勵治療師在每次的遊戲單元結束之際進行所謂的「束口袋」活動，而且要將這活動建構成一個「固定而有規律」的儀式，讓兒童和治療師間有了正向的連結。又因為束口袋中多數都是放著各種兒童喜歡吃的巧克力、餅乾、糖果，或貼紙、小玩具、簡單組合玩具等物件，所以束口袋活動持續一段時間之後，這些食物可能在兒童的嗅覺、味覺感官上有了正向的感受與連結，貼紙、小玩具、組合玩具等可能在兒童的觸覺、視覺感官留下正向的感受與連結。

在進行「束口袋」活動的過程，我們的理念絕不是因為兒童表現好、聽話、有配合……等好行為，所以得到獎品，亦即「束口袋」活動絕不是獎勵。「束口袋」活動的理念是在進行一種滋養、撫育的親密連結，而且是每一個單元結束之際進行的活動，也就是一種儀式性的活動，久而久之，兒童會預期且習慣有這樣的一個活動，「束口袋」就會對兒童產生正向的影響。

另外，當兒童手伸進去束口袋探索袋中的各種物件時，其實內心可能充滿好奇、期待或緊張。這也好像兒童小的時候，很喜歡玩捉迷藏、躲貓貓的遊戲過程，兒童在尋找、探索藏起來的人或物件，到找到這個物件或人的過程，其實都具有促進彼此關係的效果。最後，在決定選哪一個物件，然後從束口袋拿出來的過程，就好像捉迷藏、躲貓貓找到人或物件的那一霎那，其實這都可以讓兒童感受到自己是有能力的，充分的滿足兒童自主的心理需求，所以這個小小活動可以滿足兒童親密和自主性的心理需求效果。

在實務上進行「束口袋」活動時，還有另一種催化關係建立的效果，就是治療師可以將兒童選出來的糖果、餅乾或巧克力剝開，親手遞到兒童嘴中的餵食過程，這是很親密的一種互動，如果兒童願意讓你來餵食，這

象徵著兒童對治療師的依附及相信，是關係建立的象徵。另外也可以擴展束口袋活動於親子互動，我們非常鼓勵治療師除了可以運用束口袋與兒童互動之外，更在兒童及其照顧者願意的前提下，邀請父母（照顧者）與兒童在每次的結束之際進到遊戲室，治療師將束口袋交給父母（照顧者），讓他們進行「束口袋」活動，父母（照顧者）在餵食兒童的過程中，會催化親子關係與正向互動，更具意義與價值。

(二) 束口袋活動的實務應用原則

1. 透過食物的滋養撫育滿足兒童的親密需求

當我們運用束口袋進行策略介入的時候，重點是放在讓兒童感受到被滋養、被撫育的感受上，進而滿足兒童的親密需求，因此除了準備一些糖果、餅乾，甚至是小玩具之外，也可以依照兒童的個別差異而調整準備的食物或物件。

2. 固定而有規律進行，建構具有過渡客體的內涵與效果

束口袋活動也建議在第一次的遊戲單元就開始進行，在每次遊戲單元結束，離開遊戲室之前進行，如此固定而有規律地直到結案。由此可知，束口袋活動也完全符合建構過渡客體的理念與原則，只要治療師固定規律地進行此活動，這束口袋中的食物都可能建構兒童與治療師重要的連結，也可說就是一個過渡客體。

3. 滋養撫育過程中，滿足兒童的自主需求

束口袋活動很直接地滿足兒童的親密需求，若在過程中，治療師準備的束口袋食物或零食不只一種，但一次只能選一個，表示兒童每次的選取都是一個做決定的過程。

治療師也可以容許兒童在合理範圍內，決定多拿一個或幾個給某個人，但仍是一次只能選一個，先決定這次是要給誰？然後再選下一個。

治療師也可以詢問兒童，如果這個袋子裡能有一些糖果、餅乾，他會

希望是什麼樣的糖果或餅乾呢？

透過這樣的詢問與選取過程，都是在讓兒童擁有自我決定的機會與能力，也傳達出我們對兒童需求的看重，兒童也會感受到自己也是得到重視、重要的人。

4. 關注兒童對束口袋食物或物件的反應

前述提及束口袋活動可以在第一次的遊戲單元就開始進行，因此。治療師可以事先準備好裡面的食物，建議就是3-5種兒童普遍喜歡的食物或零食。然後要注意觀察兒童對於束口袋裡食物的喜好程度，來調整日後要放入的內容物。在調整內容物的過程中，兒童會感受到治療師對他的關注與重視，這也是非常具有正向連結效果的。

5. 進行束口袋活動時搭配布偶客體的運用，可以提高滋養與撫育的效果

在進行束口袋活動的同時，治療師可以拿出布偶客體一起邀請及執行整個束口袋的活動，若能再運用前述布偶客體的連結、見證等技巧參與於整個過程，會達到多方面陪伴、滋養、撫育兒童的效果，充分滿足兒童親密需求，感受到被肯定及被關注。

(三) 進行束口袋活動的具體過程

準備

1. 束口袋內容物準備

內容物件可以是餅乾、糖果、巧克力、維他命C、軟糖、小玩具、貼紙等等。在了解兒童喜好某種食物或零食，且不會危害他身心的狀況下時，治療師也可以加入該類食物、零食或物件。

2. 不要只放一個或一種物件，多放幾種不同物件，讓兒童有選擇與決定要選出它們的機會。

執行

1. 邀請：每次固定而規律的在單元結束前，要離開遊戲室時進行。

　　「小明，我們的時間到了！」

　　邀請兒童到你身邊，拿起事先準備好的束口袋。

　　「小明來，老師準備了一個束口袋，裡面放了不同的東西，你手伸進去，然後摸裡面的物件，最後選擇一個出來。」

　　或是也可以這樣邀請：

　　「小明你看，這裡有巧克力、餅乾、軟糖、牛奶糖。」（治療師展示給小明看）
　　「你喜歡你一種呢？」治療師詢問小明。
　　「我喜歡巧克力。」小明回答。
　　「好！現在全部放進去，看你能不能選出你喜歡的巧克力。」（治療師將全部零食放進束口袋）

2. 選擇：講述規則，一次只能選一個。治療師可以針對兒童的特質、背景脈絡及困擾行為。

　　「小明，一次只能選一個。」

3. 猜測：在兒童決定好哪個物件時，邀請兒童先猜猜看是什麼東西？然

後再拿出來享用。猜對與否都沒關係，只是增加與兒童的連結及趣味性。

　　「決定好了！那你猜猜是什麼？」
　　或
　　「你決定了喔！你覺得這是巧克力？」

4. 反應：整個過程中，兒童在選擇與決定要那哪一個物件？以及猜測過程、拿出來知道是選到什麼物件或零食、及在享用過程中，治療師都要把握做出適當的反應。

　　「嗯！是什麼呢？有點緊張喔！是不是你喜歡的巧克力？」
　　「唉呀！是糖果，不是你喜歡的巧克力，有點失望！」
　　「你想要選一個巧克力給妹妹，你很仔細地摸、仔細的選。」

5. 布偶客體連結：在前述反應過程，治療師也可以拿出布偶客體參與，強化布偶客體與兒童間的連結。

　　「小可愛你看！小明好開心地抽到巧克力。」
　　「小明，小可愛看你沒抽到想要的巧克力，他想跟你抱抱，安慰你！」（治療師將布偶客體拍拍、抱抱兒童）

　　上述3-5的步驟交互進行，治療師視實際狀況做最出適當的執行。

享用與結束

1. 當兒童選定的物件是可以吃的零食時，則邀請兒童享用。同時，治療

師進行此單元之歷程回顧。（有關歷程回顧在後面會詳細介紹）

2. 若兒童抽到的是玩具，則讓兒童帶回家。

3. 治療師、布偶客體與兒童說再見。

「小明，你可以把選到的巧克力剝開來吃。」

「今天老師和小綠綠都有看到你一開始就玩……，然後又……」（歷程回顧）

三、感覺箱

(一) 理念基礎

　　兒童在幼年成長過程中，可能是照顧者本身的議題（如生病、無法與兒童同住……）、或是環境的因素（不斷搬家、轉換照顧者……），導致兒童在依附關係上欠缺穩定及沒有足夠的安全感，甚至遭遇嚴重的虐待、疏忽或不當照顧時，兒童為了不讓自己一直被這些創傷經驗的情緒、感受所干擾，經常會關上這些負向痛苦的感官經驗。另外，有些主要照顧者會壓抑兒童的情緒感受或不接納、不允許他表達，長期下來，也會使得這樣的兒童不會也無法以適當的方式來表達內在情緒感受；反之，常會以不當的行為及人際互動來呈現。人在成長過程中與照顧者間親密的互動，不只是生理、身體的被滋養撫育，心理、情緒也都得到關注、了解、接納，這就會成為一個安全依附、有安全感情緒穩定的兒童。但前述這些樣態的兒童都有一個共通性，就是他們在依附上都被嚴重影響，經常會使他們封閉自己的感官感受，不清楚自己的情緒感受；同樣的，他們也無法體會別人的情緒感受。筆者在實務上就發現上述這些兒童經常是麻木不仁，比較沒有同情心或悲憫心，自身也比較不會表達情緒感受，他們面對是悲傷、難

過等事件時，好像表達不出心中的這些情緒感受，而是以破壞、逃避的行為方式來呈現。

在面對上述這類的兒童工作時，倒不是急著要接觸到兒童受傷的情緒或事件，治療師優先要做的事情是協助他們開啟感官的覺察。若是能做到類似過渡客體應用原則的第3點「建構具有感官正向感受的物件」，那對這類兒童的幫助更大。

另外，進行此活動時的關鍵在於治療師的態度，因為此類兒童對感覺的接觸已經封閉許久，對感受感覺的表達是有困難的，所以我們邀請兒童感覺時，必須傳達開放、接納、容許的態度，讓兒童在很有安全感及接納的氛圍下，被鼓勵及肯定下進行感覺的接觸，不會感到有壓力或必須給出正確答案，兒童無論說了什麼都能夠被接住、被理解。另外要使兒童與自身感覺接觸的過程會需要一段時間，治療師必須具備耐心等待兒童，治療師要理解兒童剛開始並不會有感覺，需要一段時間才能漸漸表達並趨於豐富。

(二) 實務運用

結構式遊戲治療之感覺箱（sensory boxes）活動就是依上述理念而設計的，它很類似束口袋活動，但束口袋活動通常都是在遊戲單元結束之際進行，所需要時間大概也都在2-5分鐘之間。感覺箱活動則可以放入更大的物件，可以是一個正式在遊戲過程中邀兒童進行的策略遊戲，所需時間也會比較長，且放入的物件更能引發感覺，亦即感官的感受是比較強烈的！例如，治療師在感覺箱中放入一個橘子。過程中會引導兒童摸橘子外表、聞聞味道，也可能會將橘子擠出一些汁液，讓兒童嚐嚐它的味道，然後要兒童猜出這個物件，這就是一個好的感官經驗的開始。

有些治療師會刻意準備一盆沙及一桶水，並邀請兒童將手伸入沙或水或溼沙中體會那種感覺，邀請兒童盡可能運用觸覺、嗅覺、視覺及聽覺

來感受，提高兒童對自身感覺接觸的能力。若遊戲室有沙盤物件的就更容易進行，即使沒有沙盤，則準備可以裝沙及水的容器即可進行此活動。若再加上一些小物件讓兒童在沙上面玩也非常好。另外玩水、泥巴、繪畫顏料、沙、黏土以及會激發觸覺感的物件（娃娃、抱枕等），都是很好且自然的介入媒材。

在結構式遊戲治療實務運用時，治療師也可以在遊戲治療過程，每次給兒童一杯香噴噴的熱茶，讓兒童可以聞到、嚐到、並摸到溫暖。有很多治療師喜歡在晤談室、遊戲室放一些精油、芳香蠟燭……等，刻意設計治療室的氣味、讓它有好的味道，或在椅子靠背上放置椅墊等等，這些準備會讓兒童更容易與願意開啟他的感覺，更願意接觸或開啟他壓抑在心中本該有的感受與感覺。

綜上，面對在依附上有困擾，導致封閉自身感官感受的兒童，或被壓抑而無法適當表達情緒感受的兒童，治療師不是直接要兒童表達情緒感受，或是要兒童經驗、體驗進而能表達情緒。治療師優先要做的是提供兒童更多感官感受上的體驗，讓兒童有正向的連結與經驗，我們相信這樣才有可能讓兒童願意再次打開他的感官去感受，他也才敢接觸自己內在的感受，才更有可能有效表達他的情緒。因此感覺箱中的物件的選定與進行，整個遊戲室環境的建構，都秉持著建構一個有趣、輕鬆的，充滿滋養撫育的氛圍原則。

(三) 進行感覺箱活動的具體過程

準備

可以是任何容器，只要能裝入可以誘發兒童感覺的物件即可，可以依不同感官感受來設定進行方式，但在初期建議選定一些比較有明顯或強烈感覺的物件。例如：

嗅覺：以一小瓶子裝檸檬味道的精油。

觸覺：放一張磨木材的砂紙、鳳梨。

味覺：一杯檸檬汁、番茄汁等。

聽覺：三角鐵、木魚⋯⋯等各式音樂樂器都很適合。

視覺：呈現兒童生命經驗中重要的相片，一起回顧。

執行

執行樣態選擇

　　有關「感覺箱」活動的執行其實具有多種樣態，只要把握住前述的理念及原則，依不同感官感覺的活動設計最適合的進行方式即可。在此，推薦三種樣態的執行方式。

1. 類似束口袋活動的將物件放入感覺箱中，兒童透過感官接觸來猜出感覺箱中的物件。

2. 依據某種感官活動，例如味覺感官。治療師事先準備好3杯不同水果的果汁，讓兒童以吸管喝每杯果汁，並邀請他猜出哪杯是哪種果汁？或講出每杯果汁的水果名。

3. 治療師建構遊戲室環境具有喚醒感官感受的效果。例如固定某種味道的精油、芳香蠟燭、薰香⋯⋯等等。或是播放固定的、兒童喜歡的音樂。

執行過程

　　在此先介紹第1種方式。治療師將一瓶檸檬味道的精油放在小碟子上，並放入感覺箱中。

1. 邀請：邀請兒童運用鼻子去嗅感覺箱中的物件，並猜出是什麼味道？若兒童緊張、沒有安全感時，可以在進行前可以給予兒童安全的保證。

　　「小明，這裡有一個箱子，老師在裡面的小碟子倒了某種味道的精油，想邀請你用鼻子嗅一嗅、聞一聞，然後猜猜看是什麼味道？」

　　「你有點害怕、緊張的樣子！」
　　「來，你看老師先聞給你看！」
　　「你看，不會怎樣的。」
　　「來！小可愛給小明一個愛的抱抱！」

2. 猜測：在兒童嗅完之後，邀請兒童猜猜看是什麼味道？猜對與否都沒關係，只是增加與兒童的連結及趣味性。若是可以吃的或擦拭撫育的物件，還可以當下給兒童食用或使用。

　　「決定好了！那你猜猜是什麼味道？」
　　或
　　「你決定了喔！你覺得這是檸檬味。」

3. 反應：整個過程中，兒童在選擇與決定要哪一個物件，以及猜測過程、拿出來知道是什麼、及在享用或擦拭撫育過程中，治療師都要把握做出適當的反應。
　　若是遇到很沒有安全感的兒童，治療師更要以傾聽、接納的態度回應兒童，反應兒童的情緒、感受，並具體反應出兒童做到的部分、反應兒童願意努力嘗試的勇氣，建構一個引導兒童以感官接觸自己感覺的過程，且是一個正向的體驗及連結。

　　「小明，老師剛剛看到你好勇敢、很好奇的就去摸一摸，真的很不容

易。」

「嗯！是什麼味道呢？有點緊張喔！」

「蘋果味！嗯，不對，有點不開心，沒猜對。」

「再聞一下！試試看！好像有點……酸的味道，那是……」

「是檸檬！答對了！我們拿出來看看！就是這瓶檸檬味道的精油！」

「你如果不反對，老師在你手上擦上這個精油！」

4. 布偶客體連結：在前述反應過程，也很鼓勵治療師可以拿出布偶客體參與整個過程，強化布偶客體與兒童間的連結。

「小可愛你看！小明好開心的猜到是檸檬味。」

「小明，小可愛看你沒猜對，他想跟你抱抱，安慰你！」（治療師將布偶客體拍拍、抱抱兒童）

「小可愛也想擦精油！小明來！你幫小可愛也擦一點精油。」（治療師將布偶客體交給小明）

上述2-4的步驟是交互進行的。治療師視實際狀況做最適當的執行。

結束與統整

兒童是否猜測出正確味道並不是最重要的，整個過程引導兒童運用感官去感覺才是重點。因此，在結束前，治療師進行回顧猜測過程相當重要！另外就是若該物件是可以及時體驗、享用，那就鼓勵治療師在兒童同意下立即進行體驗或享用，並以此體驗做為結束。

「小明，老師剛剛發現你聞了一次！好像還不大能確定！」

「結果再聞一次，你就猜出來是檸檬的味道。」

「你願意讓老師在你手上擦上這瓶精油嗎？」

「對！涼涼的！你有感覺到！很好！」

「對！放鬆！讓老師輕輕的擦在你手背上！」

「如果你願意，你也可以自己用精油擦在你的額頭或太陽穴的位置！」

(四) 延伸運用感覺箱之嗅覺瓶

在筆者的實務經驗中發現，五官感受中的嗅覺、味覺和觸覺似乎更容易伴隨著比較深刻的感官感受。我想這大概是因為這三種感官感覺，都跟親密與直接接觸有關吧！也是嬰兒最初經驗到的感覺，人生活中的味道與嗅味經驗，也常會引起強烈的情緒及聯想。

因此，在結構式遊戲治療實務中也經常會建構所謂的嗅覺瓶活動。有關嗅覺瓶的運用基本上可以參酌感覺箱的具體過程，但有幾個地方需要特別注意，說明如下。

1. 治療師可以運用5毫升（ml）的透明瓶子放入些許微溼的棉花，然後蒐集各種物件放入或滴入瓶中，製作所謂的嗅覺瓶。建議製作20-30瓶不同味道的嗅覺瓶。例如可以放入：
   - 嬰兒粉、嬰兒乳液、奶粉
   - 牙膏、香皂、洗髮精（生活用品）
   - 香水、各種脂粉（可以聯想到媽媽或象徵媽媽的味道）
   - 刮鬍液、菸草（可以聯想到爸爸或代表爸爸的味道）
   - 醬油、醋、蒜醬（日常廚房料理的各種味道）或其他日常生活中各種有味道的物件

2. 於瓶底用小標籤紙寫上該瓶子的物件或味道，若能押上日期更佳。避免一段時間之後，治療師自己也無法確認該瓶子物件的味道。且有些

味道一段時間之後就會變淡或消失，需要再增添該物件進去。

3. 嗅覺瓶的準備基本上都要20-30瓶。因此，也可以邀請兒童一起準備蒐集各種的味道。例如邀請兒童蒐集他最喜歡的味道，這個蒐集及分享的過程就很有意義與價值。

　　「小明，你看老師這邊有30個小瓶子。老師要邀請你協助老師一起來蒐集各種味道。」

　　「你先蒐集你喜歡的味道，然後將那個物件或有那個味道的東西滴到小瓶子中。老師放了一小塊溼棉花在瓶子裡了」

當兒童蒐集了一些喜歡的味道之後。可以邀請其分享。

　　「喔！這個是草莓味，而且是草莓味的牙膏。老師很好奇，可以分享一下嗎？」

　　「是喜歡草莓味？或是這個草莓味牙膏，你特別喜歡？」

類似上述這樣與兒童的互動及分享，都很有治療效果。

4. 在有關感覺箱的理念介紹中提到，這類的活動並不是要直接接觸兒童的創傷經驗或要兒童能夠清楚表達內在感受。我們是著重在讓兒童有感官的體驗，是要讓兒童有正向的連結與好的經驗。因此，筆者很鼓勵治療師可以將猜嗅覺瓶味道活動，固定而有規律地建構成一個儀式，或是治療師與兒童一起完成的活動。

貳、結構式遊戲治療歷程回顧之策略遊戲

一、結構式遊戲治療之歷程回顧

(一) 理念基礎

　　結構式遊戲治療之歷程回顧係依據人際歷程理論的「過程評論」（process comment）理念而來。人際歷程理論的觀點相信一段夠好的關係，正向的人際經驗可以矯正過去受創的經驗，人際歷程理論強調「過程評論」及透過治療師與兒童的互動，建構一個新的矯正性情緒經驗。

　　當治療師了解並掌握一些重要且值得歷程回顧的遊戲內容時，於每次遊戲單元結束前對兒童進行歷程回顧，然後在最後一個單元進行整體遊戲治療的歷程回顧。因此，歷程回顧活動是貫穿整個遊戲治療過程，這可以累積及鞏固每個遊戲單元的小進步，不僅具有催化兒童質性改變及全面性的進步，同時也能強化及鞏固兒童正向轉變的效果。筆者認為這才符合歷程回顧的精神，它不只是一個回顧，更是給兒童創造一個夠好的關係及正向的人際經驗。

　　兒童在遊戲治療過程的轉變與進步是逐步累積的，且不一定會出現明顯具體的轉變。加上兒童在遊戲治療過程中的遊戲內容經常是以隱喻、象徵的方式呈現，治療師在遊戲治療過程中，幾乎也不會直接與兒童討論他的問題行為，這都使得很多初學遊戲治療的治療師，僅看到兒童在過程中玩得很開心、很投入，但卻不知道遊戲治療過程中的哪些時段或哪些點是進步的表徵或值得進行歷程回顧。

　　筆者在此歸納遊戲過程中值得進行歷程回顧的七個主題。亦即兒童在遊戲治療過程中，若出現以下幾個主題都值得治療師進行歷程回顧。

1. 行為轉折點出現：結構式遊戲治療區分兒童有所謂「鬆」、「緊」兩種行為樣態，合理、適切的緊或鬆行為都屬正常，但太緊、太鬆的行

爲才是困擾，當一個行爲太緊（鬆）的兒童，其行爲開始變得比較鬆（緊）時，就是一個轉折也是一個進步。因此，從緊鬆的向度來看兒童有往中間方向移動的行爲、情緒，都值得回顧與回應。另外，兒童重複玩的遊戲過程或遊戲內容，出現新人物、新劇情、不同的結果……等等，都是「轉折」點，都可能是一個進步的象徵。

2. 重複的遊戲內容或主題：兒童一直重複的遊戲內容或主題，一定有其意義與重要性，值得回顧與回應。若在結案時已經讀懂重複遊戲的意義，更值得治療師反映出來。

3. 展現能力的遊戲：兒童在遊戲過程中玩出展現能力的遊戲，治療師再給予歷程回顧，都具有極佳提升自尊自信的效果，會產生很有正向影響的擴散效果。

4. 明顯的情緒出現或情緒轉折：兒童在當次的遊戲單元中若有出現情緒的轉折點，如一開始進遊戲室很不開心，但在將各種動物埋進沙子過程中情緒明顯地變開心時，這就是情緒的轉折點。另外就是兒童在遊戲過程中有強烈的情緒反應出現點，如兒童嘗試了很多次，可是一直無法將飛鏢射到紅心，很生氣地將飛鏢丟到地上並大聲的說不玩了！以上這些點都值得進行歷程回顧，若是回顧負面的情緒點時，記得不是要凸顯其負面情緒，而是要在回顧的同時進行情感反應，表達對兒童情緒的了解與接納，也很鼓勵治療師應用布偶客體來撫育兒童的情緒，這都有正向且催化兒童轉變的效果。結案時進行的歷程回顧則可以更整體地回顧整個治療過程的情緒轉變歷程。

5. 與治療師間的互動：兒童在遊戲治療過程中，主要還是透過玩具玩遊戲，經常會在整個遊戲單元似乎都沒有與治療師有太多的互動，因此，當兒童在過程中有與治療師互動的點都值得回顧，筆者常說在遊戲治療過程，兒童抬頭看治療師時，治療師一定要有所回應，因爲這

是重要時刻！若兒童開始跟治療師分享一些事情、邀請治療師一起玩遊戲等，當然也都是重要時刻，值得進行歷程回顧。

6. 客體的連結：布偶客體的運用是結構式遊戲治療的一個特色，讓兒童跟布偶客體有更多的連結，治療的效果就會更顯著。因此，有關布偶客體與兒童間的連結回顧就有其重要性。而客體運用有兩個不同的方式，第一個就是治療師在進行歷程回顧時，鼓勵將布偶客體帶出來一起進行歷程回顧。第二個就是在遊戲治療過程中，兒童與布偶客體有所連結的互動過程進行回顧，亦即兒童可能煮東西給布偶客體吃、帶著布偶客體去玩……等，這些互動都值得進行歷程回顧。

7. 兒童態度的轉變：兒童的態度與情緒很類似，但這邊的態度更聚焦在兒童玩遊戲及對治療師的態度，筆者常說當兒童很投入於遊戲過程時，就很具治療效果，因此，兒童在玩遊戲時的認真、投入、充滿想像力、創意……等態度，都值得進行歷程回顧。另外，很多兒童初到遊戲室時是緊張、擔心或焦慮的，對遊戲治療或治療師可能也有所抗拒或防衛，但隨著遊戲治療進行，兒童最初的態度可能開始有所轉變，這些轉變點也都值得進行歷程回顧。

(二) 運用歷程回顧活動的幾個原則

歷程回顧活動要能產生效能，必須是貫穿整個遊戲治療過程。在實務運用上建議要把握以下幾個原則。

1. 固定規律地從第一次遊戲單元就開始進行歷程回顧活動，多半是在結束遊戲前進行，經常會搭配束口袋活動一起進行，亦即兒童選完束口袋中的物品後，在享用該物品的同時，治療師開始進行該單元的歷程回顧。

2. 進行歷程回顧時，若能搭配具體的物件效果更好。如遊戲治療過程所拍的相片，或在回顧的同時拍攝該回顧主題的物件、遊戲治療過程中

兒童的作品、治療師在遊戲治療過程所運用到的圖卡、治療師回饋兒童寫的卡片、書籤……等。治療師進行歷程回顧的同時，展示這些具體的物件會使得整個回顧效果更能滲透進兒童的感受與感覺中。

3. 運用布偶客體一起參與進行歷程回顧。筆者多年的實務經驗發現，每次遊戲單元結束前的3-5分鐘左右其實是一個關鍵時刻，治療師在進行極具滋養撫育效果的束口袋活動，同時也進行看到兒童的轉變、能力等的歷程回顧，整個過程還運用布偶客體與兒童有正向的連結。而這樣的活動是每單元都進行，固定規律地持續到結案。由此可知，治療師只要能夠把這最後3-5分鐘營造得很輕鬆、自在，堅持固定規律地進行到結案，就會是一個很有治療效果的關鍵3-5分鐘。

4. 最後一次的遊戲單元進行整個遊戲過程的歷程回顧。這樣的一個整體的歷程回顧可以說是一個大統整，大總結。治療師大概要把握住以下這幾點：

・製作一本兒童專屬的遊戲小書或短片。

・經治療師評估之後，可以邀請兒童相關的重要他人，如學校導師、老師、爸爸、媽媽等主要照顧者，一起參與整個的歷程回顧。

・將整個遊戲治療過程中可以讓兒童帶走的物件，如相關作品、相片、回饋卡片、書籤、糖果、巧克力……等等，再加上遊戲小書、短片及布偶客體都整理成一個很精緻、含深沉祝福的「禮物」送給兒童，做到「好好說再見」地結束整個遊戲治療。

(三) 歷程回顧活動的具體過程

前述也提到進行歷程回顧時，鼓勵治療師要搭配一些具體物件。但這要進一步澄清，亦即歷程回顧活動是固定規律地每次進行，但所搭配的物件可能會有所不同，例如，兒童在此次遊戲單元畫了一幅畫，故此次進行歷程回顧時就會搭配兒童的這個畫畫作品，但下一次可能就沒有畫畫作

品。可能有其他物件，也可能都沒有任何物件搭配，但仍要進行歷程回顧。

準備

在進行歷程回顧前，要決定是否有其他物件搭配。若沒有就建議配合束口袋活動、布偶客體來進行。

若要搭配其他物件進行歷程回顧，則進行前將需要物品準備好。後面還會詳細介紹如何運用回饋卡片、一句話書籤搭配歷程回顧進行的活動。

執行

結構式遊戲治療有關歷程回顧活動的進行，最典型的做法就是搭配束口袋活動。而且是先邀請兒童進行束口袋活動，通常是兒童已經選完束口袋內的物件，開始享用時（例如吃巧克力），引入歷程回顧的進行。具體步驟說明如下。

1. 引入：因是搭配束口袋活動的進行，因此當兒童在享用束口袋中的食物時，治療師開始引入歷程回顧。可以先反映一下兒童當下的狀態，然後進行歷程回顧。

　　「小明，看你吃巧克力的表情，好開心、好好吃齁！」
　　「來！老師想跟你分享，今天你在玩遊戲時，老師有看到的幾個印象深刻的地方。……」

2. 描述：治療師可以針對此遊戲單元印象深刻的部分進行回顧，更鼓勵依據前述的七個主題為參考，這可以讓治療師更有系統地看到兒童在遊戲治療歷程的轉變。

「今天你一進遊戲室，好像還有一點點緊張，然後小可愛跟你打招呼後，你就輕鬆很多，還抱著小可愛去玩家家酒。」（行為轉折點、情緒）

「你煮了好多多食物，而且你都知道煮各種不同食物的方法，像白菜用炒的、雞腿、雞翅膀要用滷的、雞塊用炸的……」（展現能力）

「你好開心抱著小可愛搭車去到處遊玩，去了公園、商場、海邊……」（客體的連結）

「今天你還有邀請老師跟你一起下棋，你還烤了披薩請老師吃，老師好高興喔！」（與治療師間的互動）

「嗯！今天你不必媽媽陪，自己就走進遊戲室喔！還敢去玩沙子！」（行為的轉折）

「老師有注意到，跟之前幾次一樣，你都讓小可愛坐在城堡中，然後有好多好的士兵及武器來保護小可愛，這樣你覺得才夠安全。」（重複的遊戲主題）

「今天你一直玩把東西藏起來，然後要老師找出來的遊戲，老師有注意到你好認真的在藏喔！想盡各種方法與地方來把東西藏好！」（態度的轉變、與治療師間的互動）

上述都是一些基本的歷程回顧描述內容，經常一個描述中帶有不同的主題，治療師也可以一次分享幾個重要的點或時段。一般狀況下，進行歷程回顧的時間大概僅需3-5分種左右，再配合著兒童吃東西的輕鬆氛圍，整個過程都讓兒童感受到被滋養、接納、肯定及關注。

3. 反應：前述的「描述」是針對該單元的遊戲治療歷程進行回顧，但同時治療師也需要針對當下兒童的狀態進行反應。

「你一邊吃巧克力，一邊聽老師說，你好開心也有點得意喔！」

結束

　　歷程回顧的結束很簡單，其實就是描述完了，兒童也大概吃完食物了，治療師就帶著兒童離開遊戲室，做到所謂的結束。但若兒童在當次遊戲單元有完成創作作品時，可以邀請兒童與作品拍照後再作結束。

「好！小明，巧克力吃完了，老師也講完了，我們離開吧！」
「來！小明拿著今天畫的世界大戰，老師幫你和作品拍照！」

二、回饋卡片的撰寫：歷程回顧之策略遊戲之延伸

(一) 理念基礎

　　結構式遊戲治療強調給兒童建構一個正向且獨特的陪伴經驗，我們是絕對的相信兒童，所以在遊戲治療過程中，我們不會以兒童的表現、所展現的成果來據此肯定或是讚美他們。我們強調的是陪伴的過程，而且在這陪伴的過程中，要看到兒童的正向轉變及能力的展現之處，且讓兒童感受到我們有看到他的正向轉變及能力的展現。

　　然而，若我們僅僅只是用口語的回應或回饋，當下兒童當然也是喜歡及喜悅的，也能夠提升兒童的動力。又結構式遊戲治療陪伴的過程不是一次兩次而已，會是一個過程、一個歷程，在這陪伴的歷程中，若我們能夠點點滴滴的把兒童在每一次遊戲治療單元中，被我們肯定及他有做到的這些好的行為或特質都能夠保存下來，那將非常具有意義，這也是結構式遊戲治療非常強調每一個遊戲單元結束或要結案的時候，都要求遊戲治療師要對兒童進行很多具體回顧及見證的原因，但我們多數都是用口語方式進

行回顧與見證，筆者認爲這樣的方式太薄弱了，無法產生豐厚的正向影響力！因爲講完就過去了，因此，結構式遊戲治療鼓勵治療師要將兒童的轉變、進步與正向行爲給予具體化、具象化。其中寫回饋卡片就是治療師熟悉，又能產生具體化、具象化的效果。

(二) 回饋卡片活動實務運用的原則

對治療師而言，給兒童回饋或寫回饋卡片應該是經常在做的事情，筆者相信這樣活動若能融進歷程回顧的理念，搭配進行，則可以產生更大的治療效果。

1. 可以根據歷程回顧的七大主題來撰寫相關內容，或治療師覺得值得肯定跟見證的遊戲或行爲過程。

2. 可以使用精美的卡片或類似札記的本子逐頁記錄。

3. 每次的回饋都要押上日期、時間，以利日後回顧時更方便或更能回想起來。

4. 依時間序整理所有的回饋卡片。日後可以搭配遊戲小書進行整個遊戲治療歷程的回顧。

5. 治療師可以在該遊戲單元結束後再進行撰寫。回饋卡片活動基本上是搭配歷程回顧活動，它具有豐厚、豐富歷程回顧活動的效果。回饋卡片活動的一個最大限制就是有時無法及時回饋給兒童，因爲進行歷程回顧、束口袋等活動的時間大約都3-5分鐘，所以可能沒有足夠時間讓治療師當場撰寫。若是如此，一個折衷的做法就是事後再寫，等到下一單元時再念給兒童聽。

(三) 回饋卡片活動具體過程

準備

事先準備好一些適當的卡片或札記本及撰寫的筆。這個活動也可以搭

配束口袋或每單元結束時進行的儀式性活動。

執行

1. 引入：配合搭配的儀式性活動（如束口袋活動），於適當時機拿出回饋卡片。
2. 撰寫：通常遊戲單元要做結束時的時間很短暫，若治療師可以在當下就寫好回饋卡片當然最好；若不行，也可以在遊戲單元之外的時間撰寫。撰寫的內容依然可以參考前述的七個主題。
3. 讀卡片內容：不管卡片內容是該遊戲單元或上一單元的回饋，都要將卡片內容讀出來，治療師可以自行朗讀，或邀請兒童朗讀，或一起朗讀皆可。

結束與統整

　　隨著朗讀完卡片內容及該儀式性活動的結束，也同時完成回饋卡片活動及該遊戲單元的結束。

　　治療師要在每張卡片押上日期，且能夠有一個收集的盒子或本子，逐次將每單元的回饋卡片收集起來，在最後一次遊戲單元進行結案時，這些回饋卡片也是做整體遊戲治療歷程回顧的素材，這些回饋卡片也會產生很正向的效果。

三、一句話書籤

(一) 理念基礎

　　諮商輔導的目標經常是要讓兒童的認知、觀念或想法有所調整與改變，這看似簡單但卻是一件很不容易的事情，我們一般人很容易掉入一種講道理、說教的方式來告訴兒童所謂正確的想法、觀念或態度，我們也都知道這往往是沒有太大效果的。

因為這些所謂正確的想法、觀念或態度若沒有讓兒童有所體驗或領悟，很難在兒童身上產生正向影響力，若是兒童自身覺察，或是治療師引導其有所體驗，讓他之後產生一個新的想法、領悟，或自己講出來的一句話，那就很有可能為兒童帶來改變。

雖然遊戲治療的兒童年齡都很小，但不代表他們不會有新的感受與領悟，況且在遊戲治療過程，治療師經常會利用繪本、編故事、說故事或者是利用動物、人物等物件進行扮演、演戲的活動，兒童經常可以在這些活動過程中，透過故事中人物從面對困境、轉變到解決的過程，而有新的體驗，進而產生新的領悟。

有時兒童會自發地在遊戲過程中，透過遊戲中的人物，直接或間接地表達出一些他們平日不會說出來的內在深層想法、觀念或價值觀，這些想法、觀念或價值觀有些是既有的，更有些則是基於遊戲過程中的新領悟。若治療師能專注地聆聽到這些新領悟，並將其整理及設計成所謂的「一句話書籤」，那這些「一句話書籤」的內容是很具POWER的。

「一句話書籤」和回饋卡片很類似，都是撰寫在卡片或札記本上，但兩者最大的差異在於，回饋卡片是治療師給兒童的回饋，是治療師對兒童的看到與肯定；但「一句話書籤」則是兒童自己的領悟，由於有時這些領悟很隱晦，治療師就是透過一句話書籤來彰顯這個領悟，但這個領悟絕對是兒童自發、自覺的，也因為如此，所以治療效果更明顯。

(二) 實務運用

以編撰故事活動為例，兒童在編故事過程中，治療師通常在最後會邀請小朋友對故事中的每個人物講一句話。這些「一句話」經常就是兒童內心深處的渴望，或是他對這個人物的詮釋，但在遊戲治療過程中，我們很容易忽略這些「一句話」。另外，有時兒童在自由遊戲過程中，也會自發地講出一些發人省思的「一句話」。

　　曾經邀請一個兒童畫一張「全家人共同做一件事」的圖，之後邀請兒童對圖中的每個人物講一句話，兒童對著象徵自己的那一個人物講「我知道你已經很努力了，不用太難過了」，對爸爸說的話「我知道你是對孩子好的，但如果你可以放輕鬆一點，孩子會更願意聽你的話」。

　　治療師若能夠把握住這些遊戲治療過程中兒童說的這些「一句話」，並將它們整理成一張張精美的書籤，對兒童來說將會相當重要且很具有影響力。當兒童看著精美的書籤，又發現書籤上的每一句話都是他的領悟或說過的話，這本身也很具有見證的效果。

　　最重要的是這些「一句話」是出自兒童內在的，可能是他靈光乍現出現的一句話，也可能是他一直放在內心的想法，但都沒有機會表達出來。這些「一句話」對兒童具有正向影響力，因此治療師要善用這些「一句話」，若製作成書籤可以一直讓兒童看到，每看一次就是一個激勵一個領悟一個啟發，當然會有很正向的效果。因此，在結案跟兒童一起回顧整個遊戲治療過程時，可以將製作好的書籤拿出來，讓兒童一一回顧所有「一句話」書籤，這就把歷程回顧與「一句話」書籤整合在一起，將是非常具有治療效果的做法。

　　前述已經分享很多有關「一句話書籤」活動的療效，但這個「一句話」的出現有時是很細微的，為了讓讀者更有效的掌握或捕捉到兒童的「一句話」，筆者根據多年的實務經驗，歸納出以下幾個有效收集「一句話」的活動。

1. 專注聆聽兒童有人物故事情節、主題或重複的遊戲內容。我常說兒童沒辦法玩出他沒有過的生命（活）經驗，換個角度也可以這樣說，當兒童玩出有人物故事情節、主題或重複的遊戲內容時，經常都是他的重要生命（活）經驗。既然如此，治療師就要關注：

　　・兒童的遊戲（故事）主題是什麼？

・重複的遊戲主題或重複的人際互動型態是什麼？

・遊戲（故事）內容中人物的對話、互動等。

「每次都……」

「好想……」

「如果……」

「最（喜歡、討厭、害怕……）」

上述這些對話內容、主題及重複都隱含兒童深層的想法、觀念或價值觀。當治療師有所覺察時，這些點也都是可以開啟兒童深層內在的鑰匙。

2. 治療師在聆聽到上述的一些內容之後，可以明確的理解到兒童可能有哪些深層的想法、觀念或價值觀，治療師可以在給予反應之後，開始進行下述幾種引導。兒童畢竟年齡還小，有些領悟或感受不容易用口語表達出來，因此在引導過程中，鼓勵治療師運用圖卡媒材來協助或催化兒童的領悟與感受表達：

・給故事中某個人（或每個人）的一句話。

・運用能量語句或能量圖卡來送給故事中的某個人（或每個人）一句話（圖卡）。

3. 透過講或閱讀繪本及故事過程中，引導兒童表達對該繪本或故事中，最喜歡的一句話或某段情節。當然也可以引導兒童給故事中的主角或每個人物一句話。例如在繪本《好事成雙》中，描述爸媽相互對對方不滿，而相互攻擊、批評的故事。我們都知道父母這樣的互動對孩子會造成很多負面影響，所以，透過此繪本來引導兒童以能量語句或能量圖卡送給繪本中的父母、孩子一句話，會有很好的治療效果，同時治療師也可以運用繪本中的一句話：「如果父母的行為幼稚得像五歲小孩，那不是孩子們的錯！」筆者認為這句話也很值得送給有這樣家

庭的孩子，對他們會有很大的啟發與領悟。

(三)「一句話書籤」活動具體過程

　　由上可知，「一句話書籤」活動可能在兒童投入於一個有人物故事情節、有主題或重複的遊戲內容過程中或結案時進行，也經常是在陪兒童讀完一本繪本或故事之後進行。因此，「一句話書籤」活動不一定是在該單元結束前進行，也不是每一單元都要做。具體過程說明如下。

準備

　　事先準備好精美的卡片書籤或札記本子。同時也強烈建議準備好「能量語句」、「能量圖卡」或類似的圖卡媒材。這些圖卡媒材的文字、圖片都可以協助兒童有新的領悟和想法。又因為「一句話書籤」活動的進行不一定會在每次的遊戲單元都進行，因此，建議撰寫「一句話書籤」活動的卡片書籤可以有別於回饋卡片活動的卡片書籤，建議書籤可以更特別或更精緻一點。通常就是選擇可以加上流蘇的空白書籤。

執行

　　若兒童是在遊戲過程中自發地講出來，含有新領悟、新體驗或發人省思的一句話，則可以直接進入到「撰寫」階段。若是需要治療師引導，則依下列步驟進行。

1. 反映與邀請：因為「一句話書籤」活動都是在一個有主題、有故事或閱讀完繪本、故事之後進行的活動。因此，治療師要先針對「一句話書籤」活動目標人物進行反映，然後再邀請兒童給這個人物一句話。

　　例如治療師想邀請兒童對故事中的小白兔說一句話：

　　「小明，老師有注意到你每次都很用心的幫小白兔找一個很安全的地方，還有士兵在外面保護著他。」（反映）

「現在小白兔已經住在你幫他設計好的城堡中，如果現在可以跟小白兔說一句話，你會跟他說什麼？」（邀請）

　　或

「現在小白兔已經住在你幫他設計好的城堡中，非常安全，小白兔可以跟自己說什麼？」（邀請）

2. 選擇：前述提到鼓勵治療師運用圖卡媒材來協助或催化兒童的領悟與感受表達。在結構式遊戲治療中最常用到的就是「能量語句」和「能量圖卡」。

「現在小白兔已經住在你幫他設計好的城堡中，現在老師要邀請你選一張能量語句（能量圖卡）給小白兔，你會選哪一張給他？」

　　或

「現在小白兔已經住在你幫他設計好的城堡中，非常安全，小白兔可以替自己選一張能量語句（能量圖卡），你覺得他會選哪一張？」

3. 撰寫：經過前述過程，兒童會說出、選出一些他喜歡的，或是想送給故事中人物的一句話。治療師就要及時地將這些有正向意義的「一句話」撰寫到卡片書籤或札記本上，有時是當下就可以撰寫，更多時候可能是在遊戲單元結束後才有時間撰寫，但切記押上日期時間。以便未來進行歷程回顧時，可以更容易想起來。

結束與統整

　　治療師可以在當下或下次的遊戲單元中，配合回饋卡片活動的朗讀，將一句話書籤內容朗讀給兒童聽。同樣地。若是撰寫在卡片書籤上，則要有一個可以收集的盒子或本子。同樣地，在最後一次遊戲單元進行結案

時，這些「一句話書籤」也可做為整體遊戲治療歷程回顧的素材。

四、遊戲小書的製作與回顧

(一) 理念基礎

　　在前面提到有關建構過渡客體的實務應用原則，建議治療師要建構或喚醒具有感官正向感受的物件。又在歷程回顧理念介紹時，提到歷程回顧活動是貫穿整個遊戲治療過程，尤其在最後一單元進行整個遊戲治療歷程的回顧，就是在累積及鞏固每個遊戲單元的小進步，這不僅具有催化兒童質性改變及全面性的進步，同時也能強化及鞏固兒童正向轉變的效果。

　　結構式遊戲治療整合上述兩個重要理念，就建構了遊戲小書的活動。典型的遊戲小書就是集結整個遊戲過程中，兒童的作品、治療師為兒童拍的相片、治療師寫的回饋卡片、一句話書籤、甚至是吃完束口袋中食物的包裝紙……等等，亦即將最具代表性的相片、物件，依時間序排序整理，並在每頁或每張相片旁邊做一個簡單的描述，最後一頁則是放入治療師寫給兒童的一封信或回饋，這就是一本完整的遊戲小書。然後在最後一次的遊戲單元與兒童一起回顧。這樣的一本「遊戲小書」搭配治療師對兒童進行的歷程回顧，絕對比僅是口語回顧要來得深刻，因為兒童看得到，多了視覺感官的感受。

　　現在電腦影音軟體的普遍及操作簡便，有越來越多治療師除了有實體的「遊戲小書」之外，也會將小書中的相片運用影音多媒體程式，製作成一片有影像、音樂的影音檔，在結案時與兒童一起欣賞，因為影音的情感滲透性更強烈，更能使兒童印象深刻、畢生難忘。這樣的一個回顧過程讓兒童帶著正向的經驗感受結束遊戲治療，同時讓這些感受有了具體的象徵與連結（遊戲小書），因為這本遊戲小書的存在，使得這段遊戲治療的經驗不會隨著時間的久遠而淡忘，兒童在若干年後再看到本遊戲小書的點滴

時，其感受絕對是深刻的。就好像我們看著過去的相片，而喚醒或緬懷起一些過去美麗回憶的深刻與感動。

(二) 實務運用

結案時的歷程回顧搭配著遊戲小書的運用，具有彙整累積整個遊戲治療成效的效果，它可以把兒童在過程中的一些小轉變、小進步鞏固下來，然後全部彙整在這本遊戲小書中，這又能把每個小轉變、小進步累積甚至是加成加大其效果，且可以透過這樣的一本遊戲小書跟兒童做「好好說再見」的結案。所以，非常鼓勵治療師運用這種策略遊戲活動。

在運用遊戲小書活動的實務過程中，歸納以下重點。

1. 搭配過程相片，同時可以參酌前述歷程回顧的七個主題為依據，選定要拍的相片主題。遊戲治療每一單元所拍攝的相片是製作遊戲小書的重要及主要素材，素材越是豐富多元，製作出來的遊戲小書就越具治療效果。

2. 可以邀請兒童的重要他人，如班上的導師、爸爸、媽媽，或其他主要照顧者……等一起參與遊戲小書的歷程回顧。這樣的回顧可以讓其他參與者看到兒童的轉變與進步，治療師也可以引導他們一起見證兒童的進步，這又可以產生多人見證的治療效果。另外就是參與的爸媽或老師看到治療師如此用心地為兒童製作遊戲小書，也是一種接納兒童與看重兒童的具體示範，對這些兒童的主要照顧者會有深刻影響。

3. 運用遊戲小書進行歷程回顧時要充分與布偶客體連結。「布偶客體」與「遊戲小書」可以說是建構結構式遊戲治療架構的重要活動，布偶客體在與兒童第一次見面就出現，遊戲小書則是最後結案時的一個重要活動。原本布偶客體就在每個遊戲單元中不斷地與兒童有所連結或見證兒童的轉變與進步，故在運用遊戲小書做歷程回顧時，也非常鼓勵帶出布偶客體一起進行。最後，治療師將遊戲小書、布偶客體及其

他物件一起送給兒童作整個遊戲治療的結束，可謂有一個好的開始及圓滿的結束。

4. 遊戲小書可以由治療師自己製作或邀請兒童一起製作。亦即治療師可以利用遊戲單元以外的時間自行製作遊戲小書，也可以在最後一個單元邀請兒童一起製作。筆者覺得這兩種做法都很好，端賴治療師自己的判斷。可根據兒童的年齡、能力、特質、狀態……等做全盤考慮。若是邀請兒童一起製作，可以一邊製作一邊回顧，但要考慮好時間的掌控；因此，即使是邀請兒童一起製作，也多半是接近完成的半成品了。

5. 搭配「宣告書」的運用，使這本遊戲小書更具獨特性及專屬兒童的自主感覺。因此，鼓勵治療師設計好宣告書的架構，讓兒童來完成宣告書的宣告與完成。（後面遊戲小書之宣告書會有介紹）

6. 善用各種軟體的多元功能或一些現成的媒材，彌補治療師在美編上能力的不足。雖然遊戲小書的製作不需要特別的美工能力，但可能還是有些治療師在製作上會感到壓力或挑戰，就很鼓勵運用某些套裝軟體或App，治療師只要相片選好，在軟體上選定某些現成的樣板即可做出一段美麗精采的短片。若是遊戲小書的製作則可以應用一些貼紙、印章或彩色筆等，協助治療師為遊戲小書做一些簡單美編。

(三) 「遊戲小書」歷程回顧活動具體過程

準備

通常就是將要結案時的物件通通準備好，當然包括遊戲小書、布偶客體、回饋卡片、一句話書籤，有時還會有一些兒童喜歡吃的零食等其他物件。

1. 反映與邀請

　　基本上，都是在最後一單元進行遊戲小書歷程回顧的活動。因此，在最後一單元的一開始就會告知兒童要進行遊戲小書的歷程回顧。但因為有些治療師會邀請兒童一起完成最後的一些工作，也有些治療師會再讓兒童進行一小段時間遊戲。但都會在遊戲單元一開始，界定好時間界線之後告知兒童要進行遊戲小書的回顧。若有邀請爸爸媽媽、老師或其他照顧者時，則建議在一開始就大家坐在一起，進行遊戲小書的回顧。

　　「小明好，今天是我們的最後一次。」

　　「有點捨不得，想不要結束！」

　　「嗯，來，今天我們不進行遊戲了，來這邊坐。」

　　「你看這裡有一本遊戲小書。」（拿出遊戲小書）

　　「來，小可愛也一起來看這本遊戲小書。」（帶出布偶客體）

　　「你看，這是你第一次到遊戲室，這是小可愛……」

　　或

　　「小明好，今天是我們的最後一次！」

　　「你可以先像以前一樣玩15分鐘，然後再一起來看老師為你製作的遊戲小書。」

　　或

　　「來，大家都坐這邊，很高興今天媽媽也一起進到遊戲室。」

　　「這是專門為小明製作的遊戲小書，記錄了整個遊戲治療的歷程。」

　　「這是第一次，這是誰？小明幫媽媽介紹。」（治療師指著布偶客體

與小明合照的相片）

　　「對，這就是這個布偶，小明幫它取名叫小可愛！」（拿出布偶客體給媽媽看）

2. 回顧與描述

　　依照遊戲小書的編排依序進行歷程回顧。過程中可以針對兒童的轉變與進步一一描述。兒童也經常會看到小書內容中某張相片或物件，而主動地描述當時的點滴，這都是非常有正向療效的回顧過程。

　　「這是你第一次邀老師跟你一起玩，你把很多東西藏起來，然後要老師把它們找出來。」

　　「對，我還把小可愛藏在帳篷中，老師都找不到，是我提示你才找到的。」

　　「我煮東西給小可愛吃」

　　「對，這是我玩沙子的時候，我記得我還把很多動物都埋了起來。」

　　治療師也可以單獨針對回饋卡片或一句話書籤進行系列回顧。

　　「小明，你看，這是你擺設動物家庭時，給獅子爸爸的一句話，是⋯⋯」

　　「這是給老虎媽媽的一句話，是⋯⋯」

　　「這是給猴子小朋友的，是⋯⋯」

　　「這張卡片是在講《傻比傻利》繪本時，你送給比利的一句話，是⋯⋯」

結束與統整

在前述運用遊戲小書進行整個遊戲治療歷程的回顧與描述，其實就已經很有統整的效果了！此時，大概就是將具有紀念意義，並能讓兒童感受到自己是受到重視與關注的象徵物件，例如布偶客體、遊戲小書、兒童作品、束口袋的食物、一句話書籤等送給兒童，同時跟兒童說再見。

五、遊戲小書之宣告頁

(一) 理念基礎

結構式遊戲治療將兒童的心理需求歸納為自主需求和親密需求兩大類；其中自主需求具有一種自主性、主動性和能力的內涵。我們相信兒童自身本來就具有這樣子的能力，同時每位兒童也有自主性的需求。簡言之，自主性既是兒童的內在需求，也是兒童自成長過程中要培養及展現的一種能力。

我們經常可以在幼兒園看到這樣的一幕，就是當老師問小朋友誰會畫圖？誰願意幫老師拿東西？誰願意上台表演？我們會看到小朋友爭先恐後地舉手爭取，大家都認為自己是有能力的、可以的、願意的。由此更可以說明每位兒童本身就具有自主性的需求與能力，只是在成長過程中，逐漸地因為一直沒有得到肯定，甚至是不斷地被否定、強調他做得不夠好，導致很多兒童年紀越大反而越沒自信、覺得自己沒辦法做到或者是會擔心做得不夠好，這些現象都顯示了兒童的自主能力越來越薄弱，但他們內在卻還是有很強烈的自主需求，這就會形成兒童在適應上、學習上甚至情緒上出現問題。

結構式遊戲治療非常看重如何把兒童自主性的需求與能力找回來，我們更相信整個結構式遊戲治療的架構、陪伴的過程及適當技巧的運用，是可以找回兒童的自主能力，這也就同時滿足兒童的自主需求。

(二) 實務運用

　　前面已經介紹了遊戲小書的理念與實務上的應用，筆者多年運用遊戲小書的經驗中，就發現有些兒童會特別要在他的遊戲小書貼上他的相片、姓名貼紙或簽名，好像就是要宣告這本遊戲小書是屬於他的。我覺得這個小小動作的「宣告」很有意義，因此，在製作遊戲小書的最開始，建議治療師也去設計一個類似出版品都有的「版權頁」，宣告這本書是作者的著作，未經允許不可以擅自盜用。這個宣告其實就是一個能力、自主的展現，同時也具有滿足兒童自主需求的效果。因此當我們在結構式遊戲治療的最開始，我們也引導兒童來做一個宣告頁，類似出版品的版權頁。

　　以下是筆者建議的內容跟格式，與整個結構式遊戲治療的架構整合在一起。

　　圖一的內容描述我們蒐集的內容，可以是在整個結構式遊戲治療過程中兒童的作品、兒童畫的圖、兒童寫下來的隻字語、一封信或者是他所選的能量語句、能量圖卡，當然也包括了在這過程中治療師所拍的相片，以及過程中你在做滋養兒童的活動時，帶來跟兒童分享的任何書籤、糖果、巧克力等等等這些物件，都可以成為遊戲小書的內容。

　　圖二就是一個類似版權頁的內容，在這邊建議寫上兒童的姓名或者是稱呼，以及兒童對治療師的稱呼及兒童幫布偶客體取的名字。我想這是結構式遊戲治療的特點，而且當兒童幫治療師及布偶客體取名字時，其實彼此的關係就已經開始有了連結。另外就是約定的時間跟地點。

　　這是一個非常簡單跟基本的內容，供各位讀者參考。讀者也可以視實際狀況及自己的經驗來擴充一些內容。在這邊就是要分享「宣告」是一種能力、能量的展現，更是自主需求的滿足，再搭配著治療師提升自尊技巧的運用、專注陪伴的過程，然後結案時遊戲小書或歷程回顧短片的配合，都會讓這個宣告頁更具意義與價值。

我們可以
這樣作………

留下孩子天真的畫作；

存放彼此回饋的傳字片語，或信或短箋；

貼上輔導老師和小朋友的相片或是合照；

任何值得留作紀念的卡片、書籤、糖果紙，

或是點心包裝紙‧‧‧

都將是很棒的收藏與回憶喔！

圖一

我是：

我有一位遊戲輔導老師喔～

我稱呼他(她)為：

我還幫可愛小玩偶取了一個名字，

牠的名字是：

我和輔導老師一週一次的約會：

＊我們約定的時間是：_____

＊我們約定的地點是：_____

蓋個手印，打個勾勾，

願每一次的見面都充滿喜悅～

圖二

(三) 遊戲小書「宣告頁」執行具體過程

　　「宣告頁」在執行上很簡單方便，卻有著很深的象徵意義，筆者常認為宣告頁有著一種小兵立大功的效果，因此，很鼓勵治療師在治療最初，就陪著兒童完成這遊戲小書的宣告頁。茲將宣告頁的執行過程說明如下。

準備

1. 若遊戲小書是一頁一頁的整理，就直接選擇一樣大小且類似的單張來設計。若遊戲小書是以類似札記本的方式設計，則在札記本的最前面設計成宣告頁。

2. 宣告頁的設計可以運用一些美工媒材來豐富內容。例如各種顏色、圖案、造型的筆，或是各種貼紙、印章……等。

3. 設計宣告頁的內容。宣告頁並無固定內容，但可以參考以下幾個向度來設計。

・兒童的基本資料。如姓名、性別、年齡、學校……等。

・兒童與治療師及布偶客體的連結：如怎麼稱呼治療師，幫布偶客體取的名字、幫布偶客體與兒童拍照……等。

・遊戲治療單元的界線：亦即每週到遊戲室的時間、地點。

・宣告遊戲小書內容：亦即這本遊戲小書會存放遊戲治療過程中，兒童的作品、相片、老師寫的書籤、卡片……等。

・擁有的宣告：可以簽名、蓋手印……等方式來宣告這本遊戲小書的擁有者。

・其他：可以留下一些空白讓兒童自主增加一些其他內容。

執行

1. 邀請：治療師先根據上述的幾個向度設計好宣告頁內容及相關媒材，然後邀請兒童來完成宣告頁。

「小明，你看這裡有一本本子，是屬於你的喔，在結束時會送給你。」

「來，你看！寫這些就可以讓大家都知道，這本本子是屬於你的！」

2. 撰寫：邀請完之後，就拿出準備好的筆開始撰寫。兒童本身已有能力撰寫時，就由兒童自己寫。若是學齡前兒童則可以協助其完成。

「你的名字叫……，你今年幾歲？」

「如果有不會寫的字，老師幫你寫，寫注音也可以喔！」

3. 美編：完成宣告頁撰寫之後，可以讓兒童為宣告頁做一些美編或設計。

「耶！完成了！現在老師這邊有一些色鉛筆、貼紙和印章，你可以利用這些物件來讓這一頁更漂亮一點，自己設計吧！」

結束

在完成前述過程之後，會建議治療師引導兒童蓋章、蓋手印或簽名的方式來做一個正式宣告，可以的話也拍個照，然後結束整個宣告頁撰寫的活動。

「好！最後老師要邀請小明來蓋個手印！」

「這個手印就代表這本本子是小明的。」

「耶！蓋好了！來看這邊！老師幫你照張相。」

參、結構式遊戲治療調整緊鬆之策略遊戲活動

　　結構式遊戲治療以兒童情緒、認知及行為的表現來判斷兒童是屬於緊或鬆，「緊」多半指的是表現太拘謹，此類兒童通常會有緊張、焦慮、退縮、畏懼或追求完美的行為，「鬆」則是指表現過於鬆散、不守規矩、隨便、不在乎或忘東忘西等。無論是哪一種類型的兒童，我們都期待能夠協助他們遠離鬆或緊兩極端，更往中間靠攏一點，變得更加有彈性一點。

　　其實每個兒童都會有鬆與緊的表現，兒童在不同環境、面對不同的人或執行不同的任務或學習時，他們緊、鬆的狀態也會有所差異。例如在家練琴、參加鋼琴比賽以及參加演奏會，都是彈琴，但在不同情境及不同的人，內在的緊、鬆狀態仍是不同的！兒童表現出緊或鬆的樣態都屬正常，整體而言的呈現會有一個趨向，當兒童頻頻出現太過緊或太過鬆的樣態時，才需要關注與調整，許多有困擾或適應困難的兒童，多半都是因為他在某些情境或某些人面前，呈現太緊或太鬆的樣態。

　　雖然「緊」、「鬆」樣態經常是可以從外顯的行為反應判斷，但太鬆與太緊的樣態經常是以下幾種原因造成：

1. 內在親密或自主需求沒有得到滿足。
2. 過去不愉快的成長經驗，如受虐、目睹家暴、缺乏與照顧者穩定的關係，導致兒童有不安全感或焦慮依附的樣態。
3. 驚嚇、恐怖、創傷的經驗：如遭遇地震、水災、火災、車禍……等事件。

　　小福每每在假期之後的上課日，就會出現不願意起床、哭鬧、不吃早餐和拒絕上學的行為。最近有幾次在媽媽開車送他上學時，拉住汽車駕駛盤或緊抱住媽媽，試圖不讓媽媽開車，還對媽媽說：「我不要去，等下我功課寫錯時老師會罵我，會打死我。」據案母表示，老師只是用手輕打兒

童的掌心。到學校時需要老師牽著他的手進教室,當媽媽離開,他就可以如常上課了,放學時也沒有投訴或抱怨些什麼。

上述小福呈現「不願意起床、哭鬧、不吃早餐和拒絕上學」,很明顯是一種「鬆」的行為。這樣的行為若是因老師過於嚴厲,那小福這個鬆的行為背後可能有親密需求沒被滿足或安全感不足的困擾。但小福一到學校就要老師牽他進教室,媽媽一離開,他就表現正常,放學時也沒有任何投訴或抱怨。可見這個鬆的行為可能是一種「星期一症候群」,在舒服輕鬆的假期之後,就呈現賴皮、抗拒不想上學的樣態。當媽媽堅持送到學校之後就一切恢復正常。由此可以推論,小福在假期之後的上課日,出現的種種行為,可能是一種賴皮、耍賴的表現,家長溫和堅定的執行既有的規範一段時間,就能有效改善。而面對類似小福這類議題的兒童,結構式遊戲治療的策略遊戲就會選擇一些比較有結構、有規則的遊戲跟兒童互動,治療師在互動過程中,治療師會溫和而堅定的執行規則、界線,並且讓兒童在遵守規則前提下,讓兒童有「贏」的成功經驗。

上述有關小福的例子,因為相關資料非常少,所做的分析也稍嫌簡略,但筆者是想凸顯以下幾個觀點:

1. 當兒童呈現太緊或太鬆的行為,都是他內在需求沒有得到滿足或適應上出現狀況或困難的表徵,若要調整兒童這種外在太緊或太鬆的行為,首先要從家庭、學校環境及成長歷史來了解原因。這也說明了結構式遊戲治療在概念化兒童過程,之所以會分「緊vs鬆」和「親密需求vs自主需求」兩個向度(軸線)四個類型的基本理念。

2. 本章節的內容是在介紹從調整緊、鬆的角度來設計各種策略遊戲,但這僅是從遊戲本身的結構性的強弱內涵來做分類,例如「吹畫」就是比較低結構的遊戲,很適合用來引導兒童體驗「鬆」、學習「放

鬆」、不要太強調「規則」。「迷宮遊戲」就是比較高結構的遊戲，可以用來讓兒童體驗「遵守規則」、「在有順序」之下「完成」、「成功」的經驗。但每一個策略遊戲都可能同時適用在緊或鬆的兒童，關鍵在於治療師對兒童內在心理需求的了解。例如「吹畫」策略遊戲可以引導鬆的兒童學習掌控，同時也可以讓緊的兒童體驗放鬆、不去掌控的感受。

　　總之，在了解了兒童太鬆或太緊的行為背後心理需求或困難原因之後，再搭配合適的策略遊戲來協助兒童改善，就會達到效果。

一、曼陀羅活動

(一) 理念基礎

　　曼陀羅（Mandala）具備向內觀照的魅力，後來被西方心理學巨擘榮格（Carl Gustav Jung）所引用。榮格透過大量創作曼陀羅，發現曼陀羅與本質我（self）的連結，加上研究了許多他所輔導的兒童，更確定曼陀羅與內在潛能與自我個性核心的微妙呼應。

　　榮格認為曼陀羅不但可以整合個人的意識與潛意識，甚至可以將曼陀羅的手法運用在藝術治療的理論與方法上；曼陀羅所呈現的小宇宙，正是個人心靈本質我的具體而微，而曼陀羅裡更揭示了所有人類共有的圖像與經驗。

　　近代隨著心理學與身心靈產業越來越得到重視，曼陀羅的應用慢慢被大眾所熟知，而不再局限於宗教儀式、祈福與靜心，已廣泛運用在自我覺察與冥想的修持上。

　　事實上，繪畫曼陀羅純粹就是一種「我手畫我心」的活動，不需太強調作品漂亮工整與否。另外，繪畫前，宜以不同的方法如打坐、冥想、音樂等讓內心先平靜下來；繪畫期間，也盡量要保持專心，這有助於畫出來

的作品能更真實的反映內在狀態。

　　將畫曼陀羅應用於遊戲治療過程，所強調的是不必用口語表達，給予兒童很大的自由度，也是引導兒童「我手畫我心」，同時創作的過程與完成都是一種自主需求的滿足與自主能力的展現。

(二) 實務運用

　　遊戲治療過程中邀請兒童畫曼陀羅，有兩種方式，一種是利用已經畫好內部圖案的曼陀羅，讓兒童選定他喜歡或他想塗的顏色；第二種方式則是僅畫一個圓，圓內的線條與形狀由兒童自己去畫出來，當這些線條形狀畫好之後，再塗滿顏色。

　　筆者比較偏好第二種方式，因為這種形式的曼陀羅活動更開放、更自由，也就更能投射畫者的內在。但面對太鬆散的兒童，則會先拿已經有圖案的曼陀羅給他們畫。此外，太焦慮太拘謹的兒童，讓他完全自主的創作反而會變成一種壓力與焦慮時，也會先提供已經有圖案的曼陀羅，再慢慢地引導他們畫沒有圖案的曼陀羅。

　　曼陀羅活動本身的特性，既可讓人平靜，又可以自主創作，最後的創作成品也讓人很有成就感，過程中也不太強調口語的表達，而活動本身可以讓人專注與投入，因此是一個值得推薦的策略遊戲。在筆者多年的實務經驗中，發現年齡較大的兒童、青少年、大人，他們在創作過程及表達分享都非常豐富，也經常會有更深刻的領悟，由此可知，曼陀羅活動可以說是沒有年齡的限制，不管面對是太緊或太鬆的兒童也都適用，只是介入的引導方向會有所不同。

(三) 曼陀羅活動執行具體過程

　　「曼陀羅」活動本身就很能產生效果。在執行過程中，若能在情境上加以設計，如搭配輕柔音樂、精油芳香或是建構一個短時間的靜坐、冥想……等小小的儀式活動，都能讓曼陀羅活動產生更大效果。

準備

　　基本上，一定要準備的是現成有既定圖案的曼陀羅作業紙，或空白的紙張（不限定白色），至少12種顏色的色鉛筆。其他如音樂、精油……等，則是依治療師本人喜好來決定。若治療師選擇有現成圖案的曼陀羅作業紙時，在準備階段也要考慮到創作時間，因為有些曼陀羅作業紙的內容是比較複雜與精細，要完成這樣的作品可能會超過30分鐘，這都可能是治療師要事前評估好的。

執行

1. 邀請

　　邀請兒童畫曼陀羅之前，要先評估兒童的鬆與緊狀態，才能挑選適合的圖案，接著需按照兒童的個別差異講解規則。

　　「小凱，老師想邀請畫一張圖，希望你能按著圖上的線條塗滿顏色，你可以自己選擇喜歡的顏色，但記得不能塗出線外喔！」

　　「小芬，老師想邀請妳畫一張圖，在這空白的圓圈中，妳想怎麼畫都可以，想運用什麼顏色都可以自己決定，如果不小心超出線條也沒有關係！」

　　鬆與緊的邀請內容會有所差異，對於鬆（小凱）的兒童，我們會運用機會加以練習規範遵守，而對於緊（小芬）的兒童，我們則會希望她能允許犯錯、允許不完美。

　　若治療師並不是選擇有現成圖案的曼陀羅作業紙，而是要兒童自行創作曼陀羅圖案的方式，在邀請過程會略有不同，說明如下：

　　(1) 治療師使用圓規，或將盤子蓋到A4紙上，畫出一個適當大小的圓。

(2) 邀請兒童使用畫筆在「圓圈內」畫畫，畫出線條，塗上色彩。就是隨心在圓圈內畫出腦海裡浮現的圖案，想畫什麼，就畫什麼。就讓內心指引手中的畫筆，隨意塗鴉。

2. 反映

　　無論兒童最後繪畫的結果如何，治療師在兒童的創作過程中，都要有足夠的反應。反映的焦點至少可以在兒童本身及其作品。

　　「小凱，你畫的顏色好豐富、好精采喔！而且老師剛剛有注意到你很仔細、小心的讓自己不要畫出線外！雖然還有一點點超出來，但你已經很努力了！」

　　「小芬，老師看見妳挑選了好多不同的顏色來畫畫！妳真的很用心！老師有注意到妳有畫到線外，有時候就是會這樣，是很正常的喔！」

　　「嗯！整張曼陀羅是以藍色、紅色和綠色的色調，左右上下很對稱的著色。」

　　不管是緊或鬆的兒童，他們都需要被看見、被肯定，治療師過程中足夠的反應就可以達到此目標，加上面對鬆的兒童，更會把握機會反映當他出現自我掌控、自我管理、遵守規範時的行為，而面對緊的兒童則會表達出更多的允許，更鼓勵他們可以放鬆或接受可以做得不夠好，讓他能建立內在的安適感。

　　「小凱，老師有看到你很小心的塗顏色，而且都沒有超出格子」

　　「小芬，對啊，超出一點點也沒關係，看起來還是很對稱！就是輕鬆地畫嘛！」

結束

　　在創作完成之後，治療師除了針對兒童本身、整個創作的過程及作品本身做一個整體的反應之外，也會邀請兒童欣賞自己的作品，並寫下一些感受，或許有明顯感受，也可能很平靜。也可能你在想一件事，或許你沒在想什麼，最後就是為自己的作品命名。以下列出幾個具體治療師可以的事情。

1. 作品完成後，邀請兒童看看自己的作品，試著感受作品想要表達的訊息，感受畫中的想法、情緒、情感。
2. 請寫下欣賞完自己作品後的感受或想法，可以是一首詩、一段文字或一篇短文。
3. 在畫紙背面為自己的創作「取名字」。
4. 最後簽上名字、日期。

二、塗鴉活動

(一) 理念基礎

　　遊戲治療本就不強調口語的表達，治療師常會引導兒童應用不同的媒材來表達情緒或感受，塗鴉活動就是一種運用藝術媒材的表達活動。塗鴉活動在個別、小團體及班級輔導上都很適用，可以當作是「暖身」、「破冰」活動，也可以是一個「主題」活動。由此可見，塗鴉活動應用層面很廣、形式多元。

　　筆者所帶領的塗鴉活動是先引導兒童用線條在紙上亂塗，這些線條就會交錯出很多不規則形狀的格子，然後再邀請兒童用不同的顏色塗滿這些格子，如此就會形成一張充滿色塊的塗鴉作品，這時再邀請兒童欣賞並分享這張塗鴉作品。筆者多年運用此種塗鴉活動的經驗，深深感受到這樣的塗鴉過程不是亂塗、不是歇斯底里式的發洩、更不僅具有放鬆或發洩的效

果，真正成功塗鴉的活動，除了讓兒童有紓解、放鬆之外，也可以讓兒童感受到自己是有能力、有掌控感的，包括對自己的掌控，甚至面對的是無力、無奈的事件，也可以透過塗鴉活動覺察或領悟到自己仍有可以掌控的地方。

由於塗鴉活動過程本身就具有紓解情緒與壓力的效果，塗完之後，整個人會覺得輕鬆自在，不再那麼拘謹。因此，塗鴉活動適合情緒壓抑、過於拘謹、追求完美、過於焦慮……等偏向「緊」類型的兒童。但治療師也必須了解，有很多「鬆」樣態的兒童，其之所以表現出鬆散、不符合規範的行為，可能是因其長期挫折、被指責、被否定……，而這些挫折、指責與否定帶來的負面情緒長期被兒童壓抑導致其出現太過於鬆的行為樣態，因此，許多「鬆」類型的兒童，也經常可以透過「塗鴉」活動紓解其壓抑的負面情緒。

綜上，塗鴉活動本身就具有紓解情緒與壓力的效果，對於「緊」、「鬆」的兒童都有其可以應用及產生效果之處，重要的是透過紓解、放鬆的過程，治療師適當的引導可以讓兒童感受到掌控感並帶出新的領悟。

(二) 實務運用

在塗鴉活動的實務運用上要達到上述的多元效果，其中一個重要關鍵就是要能引領兒童進入或體驗到他的議題或困擾核心，同時又可以將這些感受、感覺透過塗鴉過程表達、表現出來！

但要面對內在痛苦的議題或困擾事件時，有些兒童會抗拒，或者他也不知道或困惑如何接觸及體驗該事件。因此，在實務運用過程會有以下建議供參考：

1. **熱身塗鴉活動**：面對很「緊」或困擾較嚴重的兒童，一下子就要引導他們接觸到內在議題或困擾是有難度的。因此，可以先帶著兒童玩一下簡單的線條塗鴉。治療師也拿著紙、筆帶著兒童畫出一條線，繞過

來、繞過去，再拿出另一支筆，一樣的畫一條線，繞過來、穿過去、彼此交錯……。

2. 治療師在兒童塗鴉過程中，專注且接納的跟隨、反應是相當重要的。因為這樣的陪伴經驗具有正向療效，治療師的反應與陪伴就是鼓勵與接納兒童的表現，可以降低兒童原有的焦慮、抗拒或困惑，使兒童逐漸放鬆的投入於塗鴉活動。

3. 治療師可以很明確、開宗明義的邀請兒童針對某議題或事件來進行塗鴉活動。也可以不給任何主題或事件，只是讓兒童把此時此刻的感受，盡情的塗鴉出來。

4. 分享與命名：當兒童完成之後，會邀請兒童做幾件事情。先請兒童把塗鴉作品360度轉一圈，確認塗鴉作品的正面方向，因為塗鴉作品從不同角度欣賞會有不同視野與不同感受。確定正面方向之後，就請兒童描述與分享其作品，若有明顯的出現某個物件，則可以請兒童再用筆將其輪廓描繪出來。最後就是請兒童為此作品寫下一些感受及命名。

(三) 塗鴉活動執行具體過程

　　塗鴉活動需要的素材、場地其實都很簡單方便，可進行的形式也很多元，也可以產生很深刻的領悟或覺察，所以是一個很推薦的活動。

準備

　　一般的圖畫紙或淺色系列的紙均可。鼓勵用顏色較鮮豔亮麗的色鉛筆，不是很鼓勵用蠟筆，因為蠟筆太粗了，而一般彩色筆可能會塗破紙張，圖畫紙建議是八開大小。有些治療師會放音樂或精油芳香，這都視治療師個人的風格自行決定。

執行

1. 邀請

可以先邀請進行熱身塗鴉，再進入有主題的塗鴉活動。

「小明，來，老師帶你玩一個線條遊戲。」（治療師一邊說一邊拿出塗鴉的紙和筆）「選一支色筆，像老師這樣放在紙上任何一個地方。」

「好，隨意的畫出一條線，繞過來、繞過去！」（也邀請兒童跟著畫）

「對，就是這樣，你也畫出一條紅色的線了。」（治療師進行反映）

「好，現在再拿出另一支筆，一樣畫一條線，繞過來、穿過去、彼此交錯……。」

「嗯！老師看到你的兩條線也交錯了，好！你可以隨意塗！隨意畫！」（鼓勵兒童更放鬆心情的塗）

「對！也可以快速的塗，也可以慢下來……轉個方向，都可以的！」（鼓勵兒童更自在的塗）

當兒童自在地投入塗鴉，心情也變得比較輕鬆時。就可以邀請兒童進行主題式的塗鴉。

「小明，老師知道你前兩天又被同學霸凌，當時你的感受是什麼？」

「你當時有哪些情緒？用不同顏色來代表不同情緒，然後把它塗在這張圖畫紙上。」

「就像剛才那樣，不用想太多！就讓你心裡的感覺帶著你的手，用筆塗出來！」

2. 反映

(1) 跟隨式的反映。過程中，治療師專注地跟隨並反映兒童的創作過程及兒童當下的狀態。

「小明，你好開心的讓橘色的線條在紙上畫過來、畫過去！好好玩的樣子。」

「老師看到你選了紅色，然後把這一小格塗滿紅色。」

「繞圈圈的塗在紙上，對，整張紙的任何地方都可以塗。」

「哇，塗滿了！有幾塊大的紅色、藍色和綠色區塊，其他還有大大小小的各種五顏六色的小色塊！」

(2) 催化效果的反映。當治療師是以兒童困擾事件為主題，邀請兒童進行塗鴉活動時，除了前述的兩種反應外，治療師也可以將有關該困擾事件的情境加以描述，這樣更能催化兒童表達當下的情緒感受。

「老師知道，當天有三個同學把你圍起來，推你打你之外，還大聲地斥責你笨蛋。」

「阿寶還打了你一拳。」

「老師相信你一定有很多情緒，把這些情緒塗出來。」

「對！那些不舒服的感受不要一直放在心裡，透過筆，把它們塗出來！」

「每次一看到爸爸喝醉酒的樣子！你整個人就緊張起來了！」

「我想不只是緊張而已，應該還有很多感覺！就請你選不同顏色來代表不同感覺，然後把它們塗出來！不要用想的！用感覺的！」

(3) 提升自尊並提供自由的反映。當兒童開始逐漸投入於塗鴉活動時，治療師提升自尊及提供自由技巧的反映，都可以引導兒童更敢於用自己的方式自在地表達。

「對！就是這樣塗下去，如果你覺得這個情緒很強烈，你可以更用力地把它塗出來。」

「對！你還可以用壓的、打的、滾的方式來塗在紙上，任何方式都可以，就是要把這些情緒塗出來，把它們從你的心中趕出去。」

「對，走開，走開！把它們塗出來！」

(4) 運用布偶客體進行連結。若兒童的議題與困擾跟親密心理需求或安全感不足有關時，也很鼓勵在過程中運用布偶客體進行正向連結技巧。

「小熊（布偶客體名）來，我們一起幫小明加油、加油！」

「小可愛（布偶客體名）你看，小明這個作品五顏六色的好鮮豔！」

結束

進行回顧與分享

當兒童完成其塗鴉活動之後。治療師可以先就剛才的過程做一個歷程回顧。然後再引導兒童分享創作前後的感受及描述其作品。

「老師看到你一開始選了紅筆塗，一開始就是輕輕地塗。」

「後來你換了黑色的筆，就開始越塗越用力，有時還會用敲打的方式塗出來。」

……

若是塗鴉過程有接觸到兒童的議題或困擾事件，也很鼓勵治療師運用情緒臉譜，邀請兒童表達他的感受或描述其作品。

「小明，老師這邊有一盒情緒臉譜，請你從這些臉譜中選出塗鴉前的心情，和塗鴉後的心情。」

「要選幾個都可以！」

「老師看你塗了好多好大的黑色色塊，可以告訴老師這些黑色色塊代表怎樣的心情嗎？」

「你告訴老師，將作品轉了一圈之後，應該要怎樣看你的作品呢？」

「也請你介紹一下你畫了些什麼？」

命名

在走完上述幾個步驟之後，治療師就可以邀請兒童為作品命名、幫兒童及其作品拍照。

「小明，你試著換不同角度來看這幅作品，然後確定要從哪個方向看。」

「然後請你為這個作品取一個名字！」

「嗯！你將它取名叫萬花筒。」

「來！老師幫你和萬花筒拍一張合照。」

回饋

治療師也可以用能量語句或能量圖卡來回饋兒童。

「好！就要結束了，老師要送你一張能量語句：『經過千錘百鍊的劍，才稱得上尚方寶劍』，老師相信你現在有更多的能量與勇氣了。」

三、吹氣球—刺破或放掉氣球

(一) 理念基礎

偏向「鬆」類型的兒童，他們在日常生活中經常會出現破壞、不配合或不守規範的行為，之所以會有這樣的行為出現，其中一個重要原因，就是他們常常得不到接納與了解，導致他們有很深的挫折與無奈。這些情緒所累積下來，就使得他們容易出現這種破壞、不配合或不守規範的行為。這類型的兒童在遊戲室裡面也經常會運用刀、劍、槍、沙包、拳擊套等玩具，玩出毀壞、消滅、殺死或混亂的主題，透過這樣的遊戲過程，表達他壓抑的負面情緒。

反之，我們也經常看到某些兒童玩刀、劍、槍、沙包、拳擊套等玩具，但他們是玩出保護、保衛或拯救的主題，此時的兒童雖然也是拿著刀、劍、槍等玩具，但這個時候的兒童想像自己就像是一位超人、英雄、保護者。

上述這兩種「毀壞、消滅、殺死或混亂」與「保護、保衛或拯救」的遊戲主題，對兒童都有很大幫助，因為不管是哪一種，它們都有一個共同的特點，就是都是一種能力、力量的展現。而且在遊戲治療實務中，經常可以看到偏向「鬆」的兒童是先玩「毀壞、消滅、殺死或混亂」之後，隨著遊戲治療的進展，到後面開始玩出「保護、保衛或拯救」的遊戲主題。

一般家長或老師在面對兒童「鬆」的行為時，經常會用告誡或處罰的方式來因應，這使得他們有很多負面情緒，而這些負面情緒又容易促使兒童再出現破壞、不配合或不守規範等「鬆」的行為。這樣「鬆」的行為出

現之際，又再次遭受很多的責罵或處罰。如此使得這些負面情緒和「鬆」的行為相互交織糾纏，使得兒童的狀況越來越嚴重。由此也可以了解，這些破壞、不配合或不守規範……等「鬆」的行為背後，兒童早就已經充滿挫折、生氣、憤怒或無奈等負面情緒。

　　這也說明單以告誡或處罰的方式來面對已經很鬆的兒童，是很難奏效的！結構式遊戲治療特別提出面對很「鬆」的兒童，除了要有「明確的界線及規範」之外，還要能「紓解其負面情緒」，更重要的是能「創造兒童成功的經驗」。其中，大家比較能夠了解治療師要做到「明確的界線及規範」及「紓解其負面情緒」，但很容易忽略「創造兒童成功的經驗」，尤其此處所強調的成功經驗不是一般人所謂的成功，當兒童配合遵守治療師設定的規則與規範，或兒童投入專注於遊戲過程，或兒童完成一個創作等，這都是所謂一個夠好的過程，此時就是還要治療師特別去反映這樣一個夠好的過程，才算創立兒童成功的經驗。

(二) 實務運用

　　「吹氣球—刺破」活動本身就很具刺激及宣洩的效果，尤其是在刺破或放掉氣球時，當下氣球發出的聲音及氣球的亂竄，而且在這過程中充滿了趣味、驚訝，同時伴隨著尖叫笑鬧聲，這些都讓此活動極具宣洩效果。加上這個活動的遊戲規則也非常簡單，因此除了容易達到上述理念所強調的「明確的界線及規範」之外，還能「紓解其負面情緒」及「創造兒童成功的經驗」。

　　為達上述目標，治療師在實務執行「吹氣球—刺破」的活動過程，就不只是把氣球打氣，然後刺破或將氣球放掉。而是要搭配下數幾個要點：
1. 治療師在進行活動前，搭配情緒臉譜圖卡引導兒童針對在某一情境或面對某一事件時，選出其內在的負向情緒，然後用馬克筆或奇異筆在氣球上寫下或塗上象徵他內在的負面情緒。

2. 設定一些基本且容易遵守的具體規則，讓此類「鬆」的兒童做到遵守及學習自我掌控，進而創造成功經驗。建議可以有以下幾點規則：

   - 先透過情緒臉譜，選出其在面對該事件時有的情緒，然後將這些情緒寫在氣球上。
   - 用吹氣或打氣的方式，將這些情緒氣球充到8分滿即可。
   - 治療師可以依據對兒童的了解，選擇刺破氣球，或放鬆氣球讓氣球亂竄的方式進行。

3. 活動結束後，治療師對兒童的的分享回饋是「創造兒童成功經驗」的重要契機。非常建議治療師要把握並給兒童回饋，以下幾點都是治療師可以具體回饋兒童的向度。

   - 兒童有遵守規定或規則。
   - 兒童投入、專注於活動過程。
   - 兒童有合於日常生活規範的行為表現。
   - 兒童表現出展現能力的行為。

4. 此活動在實務運用上，通常適合憤怒、生氣等負面情緒的兒童，若兒童的悲傷、難過、失落等情緒，是因為長期的憤怒、生氣一直沒有得到關注與了解所造成，也很適用此活動。但若是因為喪親、失親或突然轉換環境所造成的悲傷、難過、失落，就需要多加評估與考慮，因這種情形下的悲傷、難過、失落是需要給予安慰、撫育，而非發洩。

5. 治療師在進行此活動時，可能要注意活動地點的選擇，避免干擾或影響到其他人，也要避免有受傷的可能。

(三)「吹氣球—刺破或放掉氣球」活動執行具體過程

準備

治療師進行「吹氣球刺破或放掉氣球」活動時，當然要準備數個氣

球，麥克筆、情緒臉譜等物件。又因為吹氣球其實不是很容易的事情，因此可以準備簡單的打氣筒，也有同樣的效果。因為刺破氣球或放掉氣球時，無法掌控氣球亂竄的方向，同時也會出現一些比較尖銳的聲音，兒童或治療師也可能會因為刺激、好玩而發出較大的聲音。因此，要考慮選擇有足夠的安全性及不會干擾到別人的場地。

執行

1. 邀請

邀請及說明遊戲規則。

「小明，剩下的10分鐘，老師要邀請你來玩一個吹氣球的遊戲！」

「你看這邊有很多老師準備好的氣球，等一下就把氣球吹（打氣）到8分滿，然後再將氣球刺破（放掉），會很刺激很好玩的！」

2. 選擇情緒

正式開始吹氣球（打氣）活動之前，邀請兒童在他常出現「鬆」的行為之情境或事件中，選出他可能有的情緒。治療師可以運用情緒臉譜引導兒童接觸並表達這些情緒，然後再請兒童將這些情緒用麥克筆寫在不同顏色的氣球上。

「昨天你和小達吵架，又被老師和爸爸處罰，你心裡一定不好受，肯定有很多心情，老師想請你回想吵架、被處罰時的心情，然後將它們寫在不同顏色的氣球上，一顆氣球寫一種心情。」

3. 氣球吹氣（打氣）

當兒童在氣球上寫好各種情緒後，協助兒童開始為氣球吹氣或打氣。

這個動作其實很有治療效果，一定要邀請兒童親自來做，因為它能疏解兒童壓抑的情緒。通常兒童透過打氣與情緒的連結活動後，情緒就會和緩許多。當兒童將各種情緒的氣球都充氣到8分滿之後，可以將這些氣球排好，並邀請兒童念一遍這些氣球的不同情緒。然後再進入下一階段。

「小明，這是生氣的氣球，你可以把你的生氣心情，從心裡把它們都吹進（打氣打進）這顆氣球裡！」

「小逸，剛剛看到你好努力把氣球充氣！總算完成囉！接著邀請你將氣球都排好，我們一起看看你有哪些情緒氣球呢？把它們的名字都說出來吧！」

4. 刺破（鬆掉）氣球

當兒童將象徵各種情緒的氣球充滿氣之後，接下來可以更進一步地進行氣球刺破活動。

進行刺破活動時，有些兒童對於要刺破氣球會害怕不敢刺，有的兒童會害怕氣球被刺破時的爆破聲，此時，我們可以鼓勵但不強迫兒童一定要刺破氣球。改換成將氣球解開打結，然後鬆掉氣球，讓氣球亂竄也有同樣效果。因為兒童在前述吹氣、打氣的過程已經有治療效果的。

治療師在兒童敢於刺破氣球，甚至開心刺破氣球的同時，也需要注意他們的情緒安定感以及安全性，建議引導兒童一顆一顆依序刺破或鬆開放掉，而非讓兒童胡亂的亂打。更建議當兒童刺破氣球的同時，邀請兒童說出「生氣（情緒）！走開！我可以把你趕走（我可以打敗你）、（我可以控制你）」等口語。

「小明！現在邀請你來玩最刺激的囉！來，你拿著這尖尖小木棍，然

後將氣球一顆一顆刺破，你可以依你最想刺破的情緒氣球，依序排好，我們一個一個將它們刺破！」

「小明，你在刺破氣球的同時，你要同時大聲喊出：『生氣，走開！我可以趕走你！』」

5. 反映

在前述從說明遊戲規則、選擇情緒、吹氣（打氣）到刺破氣球的過程，治療師一定要緊密跟隨地做反映。尤其是兒童出現下述四種樣態時，治療師及實地反映就是在創造兒童的成功經驗。

・兒童有遵守規定或規則

「小明！你有記得老師講的，氣球吹到8分滿即可！」

「你都有將吹好的氣球，固定綁在老師準備的繩子上！」

・兒童投入、專注於活動過程

「哇！你好認真用力地吹啊！臉都紅了！」

「雖然不是很好吹，但你都還是堅持把這5個氣球都吹氣吹好了！」

・兒童有合於日常生活規範的行為表現

「小明！老師有看到你把破掉的氣球，都撿到垃圾桶中！」

「你都有注意要把氣球朝另一邊放，這樣才不會竄到老師身上！」

・兒童表現出展現能力的行為

「欸！你吹氣球的速度越來越快了！你知道怎麼快速吹氣球的方法了！」

「你好像有點怕，但還是勇敢地將氣球刺破，還一邊說出『生氣，走開！』」

回饋分享

進行完前述過程之後，治療師類似歷程回顧技巧地將剛才的過程回饋給兒童，這是非常重要且具有治療效果的。再者，經過這樣的一個過程，兒童的負面情緒都會達到一個程度的釋放與紓解，此時很鼓勵邀請兒童說出這樣一個過程的感受、想法，尤其是在吹氣球或刺破氣球時的感受、想法。

最後，也鼓勵治療師可以搭配能量語句、能量圖卡，邀請兒童為自己選一句話或禮物送給自己，或治療師也送一句話給兒童，做為整個活動的結束。

「小逸，剛才老師看到你好認真吹氣球，吹到臉都紅了。」

「小逸，你剛才一直要把憤怒趕走，一直刺了好幾次，可是都還沒破掉，你索性就放到地上用踩的，終於把憤怒踩破、趕走了，很過癮的樣子！」

「請你說說，當你又捏、又壓，最後踩破時的感覺？」

「當你把這些氣球都刺破之後，現在心情怎樣？」

「好！我們活動就要結束了！好刺激好好玩喔！現在請你用能量語句，選一句話給自己。」

四、吹泡泡

(一) 理念基礎

　　吹泡泡這樣的遊戲和吹氣球看似類似，都屬於「低結構」性的遊戲，但兩者間其實有很大的不同處。吹泡泡的過程不是發洩，攻擊、破壞，它所呈現的是一種自由自在、無拘無束的感覺。

　　它沒有那麼的拘謹，被吹出來的泡泡沒多久就會破掉，幾乎每個兒童看到這些在空中飄起的泡泡，都會想去摸它、碰它、追它。但當他們碰到這些泡泡的瞬間，泡泡就破掉了，這是一種釋放、一種放鬆。有到無、吹起來到破掉，就這樣的過程裡面，會讓人覺得這個「得跟失」、「有跟無」、「出現到消失」的感受都在瞬間很短的時間發生。過程中也不用太在意這些泡泡的消失，因為很快的又會吹出很多很多的泡泡了。

　　若改由兒童來吹泡泡、製造泡泡，這又是一種擁有掌控感、我能感的感受。試想兒童能夠透過自己的操作，製造出如此炫麗的泡泡在空中飛舞著，就是一種成就感。這樣的一個過程對於「緊」的兒童是一種釋放到擁有自主，對於「鬆」的兒童則是一種擁有掌控進而到自我掌控。這也符合前述每一個策略遊戲都可能可以同時適用在緊或鬆的兒童，關鍵在於兒童內在心理的需求為何？治療師又如何適切地滿足兒童的心理需求。

(二) 實務運用

　　吹泡泡這樣的遊戲過程，其實同時適用於「緊」與「鬆」的兒童。

　　筆者經驗覺得又特別適合拘謹、退縮、內向、害羞或焦慮等這類「緊」的兒童。吹泡泡遊戲過程中沒有拘謹的界線、規則。過程中，兒童的身體、手、腳、眼睛很自然的就動起來了，追逐泡泡、瞬間破掉、立刻再找新泡泡的過程，都會讓兒童覺得非常自由自在。

　　有時候也可以讓兒童拿起泡泡水，讓他來吹泡泡、製造泡泡。當兒童

從嘴巴吹出很多彩色泡泡在空中飄來飄去的過程，就是一種充分滿足自主需求的過程，同時也是一種創造的過程，可以帶給兒童充分的滿足感跟成就感。

上述過程也很適合運用在「鬆」的兒童身上，因為要成功吹出泡泡，還是必須有所控制「吹」的力道，若太用力吹就吹不出來。加上吹出泡泡是一種滿足感與成就感，這也是一種成功經驗。

綜上，筆者覺得吹泡泡遊戲特別適合王妃公主型及含羞草型等「緊」樣態的兒童。可以透過出泡泡讓他們有自由自在、放鬆的體驗，同時也可以透過「吹泡泡」來充分滿足及體驗自己可以擁有自主性。若是應用在「鬆」樣態的兒童，透過吹泡泡過程可以給他們學習自我掌控的機會，同時也滿足其成功經驗。

吹泡泡活動雖不像吹氣球活動般的刺激，但兒童在追逐泡泡的過程中，仍有可能會跌倒或碰撞到環境中的物件，因此，治療師在執行此活動時，仍要考慮到環境的安全性。例如騰出一個適當空間、吹的泡泡量及範圍要配合環境有所控制。

在實務運用吹泡泡遊戲過程中，也很鼓勵治療師本身或請一個人協助照相。因為在玩吹泡泡過程中，很容易捕捉到很多瞬間兒童自在、自然的笑容、興奮和開心的表情，這些瞬間的笑容、表情對這兩類型的兒童是很重要的，可以說是一個很好的見證，見證自己是可以如此輕鬆自在的玩。

(三) 吹泡泡活動執行具體過程

準備

基本上，吹泡泡活動所要準備的就是一瓶泡泡水。現在也有很多吹泡泡的機器，不必用吹的就可以製造出泡泡。但筆者建議若是要將此活動運用在「鬆」的兒童，還是準備單純的泡泡水，附上一個吹泡泡的吸管，讓

「鬆」的兒童必須學習控制吹泡泡的力道來製造泡泡。其他要注意的就是環境的安全考量，以及過程中照相的準備。

執行

1. 邀請

　　基本上若是比較偏向「緊」樣態的兒童，就先由治療師吹泡泡，讓兒童去追逐泡泡，然後再考慮由兒童吹泡泡。若是「鬆」樣態的兒童，則鼓勵讓兒童來吹泡泡，過程中，透過治療師的跟隨與反映，鼓勵兒童學習掌控吹的力道與方法，讓吹出來的泡泡可以很多或是在空中飄得更久。

　　「小文，這裡有一瓶泡泡水，我們來玩吹泡泡遊戲，老師吹出泡泡，然後你去抓這些泡泡。」

　　「小明，現在換你來吹泡泡！」

　　「你可以試著用不同方法吹泡泡，看怎樣可以吹出更多的泡泡，或是讓泡泡在空中飄得更久！」

2. 反映

　　筆者的實務經驗發現，各種策略遊戲在進行時要能充分發揮效果，端賴治療師在過程中的反映。治療師在面對「緊」與「鬆」不同樣態的兒童，反映的焦點會有所不同，這也是讓此策略遊戲發揮效果的關鍵。當兒童進行吹泡泡遊戲過程時，治療師必須將兒童當中的情緒反應、動作、能力展現都具體反映出來。

　　面對「緊」的兒童

　　「一開始好像還有一點緊張！！現在都能在泡泡一出現，就很快跳起來、跑過去把泡泡拍掉！」

「笑得好開心喔！對啊！就是可以這樣玩！」

「看你一邊追泡泡，一邊笑得好開心！」

「嗯！你還會單腳跳，雙手同時抓不同的泡泡！」

「哇！都流汗了！對呀，你本來就可以自由自在的用各種方式追泡泡！」

「對！你想怎樣吹泡泡水都可以喔！」

「追追追！你好認真的在追泡泡喔！好好玩喔！」

「你一直吹吹吹，很快地到處都是泡泡！好漂亮喔！」

面對「鬆」的兒童

「嗯！你有注意到不能太大力吹！太大力就吹不出泡泡了！」

「嗯！你有在試不同的方法，讓吹出來的泡泡可以更多！」

「對！好像這樣的角度吹出來的泡泡，可以在空中飄得更久！」

回饋分享

　　吹泡泡活動本身就非常吸引兒童，在吹泡泡或追逐泡泡的過程，可以讓緊繃的情緒得到很大的釋放；同時，也可以在吹泡泡的過程學習掌控。因此，在結束吹泡泡活動前，鼓勵治療師進行歷程回顧及見證，若過程中有拍照，則可以透過相片來進行回顧及見證，會更有正向效果。也很鼓勵邀請兒童分享這樣一個過程的感受、想法。

　　「小文，老師剛剛看到你很放心的笑，笑得好開心，而且你還手舞足蹈的吹泡泡，感覺你好投入、好享受這個活動。」

　　「老師有看到，你有換不同方法吹泡泡。先是慢慢吹，然後也有吹一下停一下，也有用快吹的方式！」

「你看，這就是你挑起來拍抱抱的相片，跳得好高喔！」

「當你追到泡泡，泡泡破掉不見時，好像是什麼啊？」

「小文，說說剛才完吹泡泡的心情。」

「小文，當你吹出好多好多泡泡時，你覺得自己如何？」

(四) 吹泡泡活動延伸運用

　　吹泡泡活動也可以引導兒童將他今天的情緒或某事件、情境中的情緒都吹出來，這樣的過程具有紓解兒童情緒的效果，尤其當吹出來的泡泡破掉之後，也能象徵性的表示情緒削弱了、不見了這種感覺。

五、吹畫

(一) 基本理念

　　「吹畫」遊戲其實就是利用水彩、吸管和一張圖畫紙，讓水彩滴在圖畫紙上，兒童用吸管吹氣，也可以用吸管沾水彩用滴的、甩的等多種方式在畫紙上創作。由於整個「吹畫」創作過程，並不具高結構及規則，所以，它能夠讓兒童很自由自在的將不同顏色的水彩，在圖畫紙上形成各種不同的線條、形狀，再加上水很自然的流動性，使得即使不太會畫圖的人，也可以創作出很具美感、多采多姿的作品。

　　「吹畫」遊戲這樣的特性，可以讓比較「緊」的兒童體驗或享受自由自在的放鬆感覺；也可以透過具體的規則，如水彩不可以吹出圖畫紙，引導「鬆」的兒童學習掌控水彩的流動。

　　另外，若兒童壓抑著某些情緒，無法用口語或文字表達時，也可以引導兒童將心裡面那些不舒服的情緒，選出所代表的顏色，然後用力吹著這些代表各種不舒服情緒的水彩，把這些不舒服情緒吹出不同的形狀、線條，兒童會發現這些不舒服情緒改變了。而且兒童用力吹的過程也極具紓

解的效果。

　　除此之外，「吹畫」這一個小小的活動還可能產生以下幾個治療效果。

　　第一，「吹畫」遊戲很好玩，不管是男生女生、不管是拘謹或鬆散，甚至不同年齡層的兒童都會很喜歡、很投入這個遊戲。我常說兒童能夠非常地投入某個遊戲或活動過程時，就會帶來很正向的治療效果。

　　第二，在這個過程中，兒童可以創造一些新的作品、新的創作，也就是在展現出兒童自身是有能力的，也非常具有治療效果。

　　第三，將「吹畫」完成的作品給予裱框或照相，可以產生「見證」的效果。

　　第四，是治療師可以運用「吹畫」活動創作出來的作品，引導兒童針對作品內容編撰一個故事，這個故事的內容可能具有投射或連結到兒童生命經驗的功能，這樣的投射或連結，都擴展了「吹畫」活動的效果。

　　由上可知，「吹畫」活動很受兒童喜歡，又能產生多項效果。筆者相當鼓勵治療師把握機會多去運用這個策略遊戲。

(二) 實務運用

　　上述提到很多「吹畫」的治療效果，為能充分發揮，在實務運用吹畫活動時，仍有幾點可供大家參考。

1. 準備的吸管口徑不要太大，也不要太長。其實「吹畫」的過程並不太輕鬆，尤其若吸管的口徑太大，要用很大的力氣才能吹出足夠的氣，有些人會吹到頭昏、頭暈。因此，治療師所準備的吸管口徑要小且剪短吸管的長度。建議可以多準備幾種不同口徑大小的吸管。

2. 圖畫紙最大不要超過16開，依筆者經驗設計成類似一般明信片大小即可。圖畫紙可以有多種不同顏色及容易吸水的特性，因為吹畫的過程若僅是在半小時左右，無法創作出太大的作品。因此建議採剪成一般

明信片大小即可，另外一個紙張大小的考量因素，就是完成後可以將此作品裱框。另外，不同顏色的紙張也會產生不同的效果，故建議治療師同時準備不同顏色的紙張，紙張的材質要選擇容易吸水，以利吹出來的水彩容易被吸收附著，而不會被破壞。

3. 除了用吸管吹畫之外，也建議可以拿水彩筆用輕拍、輕甩等方式合併使用。「吹畫」活動雖然是用吸管吹出作品，但都會先用水彩筆吸滿水之後沾上色彩再滴到紙上。因此，除了將水與色彩滴到紙上之外，也可以輕拍或輕甩水彩筆，如此可以產生不同的效果，增加作品的豐富與變化性。

4. 「吹畫」創作過程可以不事先設定主題，就是讓兒童享受、體驗一種自由自在地放鬆與創作。也可以針對兒童的狀況，設定一個主題或邀請兒童把不舒服的情緒、心情透過吹畫，把它們從心中吹出來、紓解出來。

5. 最後的作品都還要善加運用，若兒童覺得自己的作品還不錯，就邀請兒童為此作品編一個故事並命名，然後建議治療師將其裱框起來。

6. 吹畫過程若是有接觸到兒童的議題，或成為兒童內在不舒服情緒的象徵，相當鼓勵治療師除了邀請兒童為此作品「命名」之外，更重要的是邀請兒童來「處置」這個作品。依筆者多年的實務經驗會發現，很多兒童都會將此作品丟掉、撕掉。此時，治療師就可以引導兒童在「撕」的過程，鼓勵肯定兒童有此掌控能力及能量來面對這些不舒服的情緒，這也是非常具有治療效果的。

　　總之，「吹畫」遊戲是一個很簡單的活動，卻能夠帶來非常多的治療效果，加上它需要的媒材好準備，所以，是一個值得大家多多運用的策略遊戲。

(三)「吹畫」活動執行具體過程

準備

治療師需要準備水彩一盒、不同大小水彩筆數支、盛水用具、大小不同口徑吸管數支、紙張數張（建議裁剪成明信片大小、不同顏色）。另外，治療師可以依兒童年齡或狀態斟酌準備圍兜兜，如此可以避免兒童弄髒、弄溼衣服。用來裱褙作品的裱框及相機照相。

執行

1. 邀請

說明規則

基本上，就是邀請兒童來進行吹畫活動。治療師將準備好的所有物件呈現在桌面上之後，進行口語邀請。治療師在邀請過程就會因「緊」、「鬆」不同類型兒童兒有所不同。

邀請偏向「緊」的兒童進行此活動時，治療師要著重一個給兒童安全、自在的空間與氛圍，幫助兒童可以從遊戲中感受到自在、安全，進而敢突破自己的限制或拘謹，最後可以達到放鬆甚至是釋放、宣洩的體驗。

邀請偏向「鬆」的兒童，治療師可就會聚焦在規則及界線上的具體說明，讓兒童更明白如何遵守界線，進而能做好掌控，能有完成創作的成功經驗。

有時治療師也可以直接針對兒童的議題或問題情境進行主題式的創作，例如邀請目睹家暴的兒童，將其目睹時的情緒透過吹畫過程，選不同顏色來代表不同情緒，進而將這些壓抑的情緒吹出去、從心裡趕出去。

「琪琪，這裡有很多種顏色的水彩、水彩筆和吸管，我們要來玩吹畫的遊戲！」

「妳可選擇一支水彩筆，然後選一個顏色，沾上顏色之後，再沾水，要沾多一點水。」（治療師邊說邊示範）

「接下來，就把水彩筆上的水彩，滴到紙上的任何一個位置。妳，就是這樣。」（治療師邊說邊示範）

「然後，選一根吸管，像老師這樣，對這滴在紙上的水彩用力吹！」（治療師邊說邊示範）

「可以吹向任何一個方向，再繼續滴不同顏色的水彩，然後再吹。」

「好！妳可以穿著這件圍兜兜，這樣就不會弄髒衣服！！因為是水彩，所以一擦就乾淨了！不用太擔心會滴到桌上！」（治療師面對「緊」類型兒童的反映內容，建構一個安全、容許、自由的氛圍）

「好！妳有注意到老師在桌上還墊著一塊布，就是不要讓水彩滴到地上或其他地方，因此，等一下你用水彩筆沾顏色、沾水及滴到紙上的過程，就是要控制都在桌面上的範圍，這樣即使水滴下來，也只會滴到布上！」（治療師面對「鬆」類型的兒童，會透過類似這樣的規則來引導兒童學習掌控）

「小英，老師想邀請你試著把爸爸打媽媽時，妳心裡有的感覺透過吹畫，將這些不舒服的心情吹出來！把它們從心裡趕走！吹走！」

「曉鈴，昨天小明又聯合兩位同學罵你了。看起來，你還是很害怕，也擔心他們會不會再罵你！」

吹畫過程不同技巧

因為吹畫過程還有很多的變化及創意可以展現。因此在進行過程中，隨著兒童的創作過程，治療師可以鼓勵及示範其他創作方式。以筆者實務

經驗，大概有以下幾種創作方式值得推薦給兒童。

‧ 運用多種不同顏色進行交錯，可以產生更豐富豔麗的變化。

‧ 水的多少也會影響顏色的深淺，同時也會吹出不同效果，因此，鼓勵兒童嘗試沾更多或更少的水來試試。

‧ 吹畫過程的「吹」也有不同方法，會產生不同效果。例如可以輕輕吹、用力吹、一口長氣吹、一口一口短捷有力的噴吹……等，都會產生不同的效果。

‧ 通常在創作的最後階段，也鼓勵兒童可以用輕潑、輕甩、輕點水彩筆的方式，在整張紙上呈現不同的樣態風格，會使得整個創作更顯多樣與變化。

2. 反映階段

　　當兒童正在進行吹畫遊戲的當下，我們可以試著將兒童的情緒反應、動作都具體反映出來，協助兒童看見、聽見自己的情緒，讓兒童與自己的情緒有多一點的接觸，也透過整個創作過程的豐富多元及作品的呈現，讓兒童感受到成就與滿足，這也是一種提升自尊的成功經驗。同時面對不同類型的兒童，治療師也會有不同的反映，例如催化「緊」類型的兒童能放心、放鬆的進行創作；肯定「鬆」類型的兒童做好掌控及規則的遵守。

　　「水彩筆沾滿水，好像就要滴下來了，有點緊張喔，滴到地上也沒關係，其實一擦就乾淨了！」（面對緊的兒童）

　　「小心翼翼地將水彩筆的水滴到紙上了，沒有滴在地上！耶！」（面對鬆的兒童）

　　「哇，想吹到紅色那邊，但卻吹到綠色那邊了！嗯，其實也沒關係嘛！」（面對緊的兒童）

　　「你好用力地吹，而且都沒有把水彩滴在地上喔，你做到了！」（面

對鬆的兒童）

　　「嗯，你做到了，你敢輕輕甩水彩筆的顏色，哇！這些顏色像下雨般的滴在紙上！」（面對緊的兒童）

　　「嗯，老師有注意到你在甩水彩筆的時候，有控制力氣，所以，所有的水彩都滴在紙上，沒有滴到地上，而且滴的像很多花在空中飄喔，你做到了！」（面對鬆的兒童）

回饋

　　吹畫活動本身就具有吸引兒童投入的效果，創作出來的作品更可以讓兒童很有成就感；因此，在兒童吹畫作品完成後，治療師對整個兒童創作過程的歷程回饋相當重要。回饋的焦點可以聚焦在兒童整個歷程的表現，也可以聚焦在作品的回饋。

1. 歷程回饋：回顧剛才的創作過程。當然回饋的焦點會因不同類型兒童
　　而有差異。

　　「琪琪，老師有注意到剛開始的時候妳有點緊張，很擔心水會亂跑，尤其第一次吹畫的時候，都不大敢太用力吹，深怕或把水彩吹到桌上或地上！」

　　「後來，老師說這水彩一擦就擦乾淨了，妳就敢用力吹了！後來你還敢用甩的，老師看妳甩得很開心！」

　　「小明，老師有注意到你水彩筆每次沾了水之後，都小心翼翼的滴在紙上，沒有一次有滴到地上喔，你真的控制得很好！」

　　「老師也有看到你知道可以用不同吹氣的方式，吹出不同感覺的線條。你最後還有控制好力氣，輕輕地甩水彩筆，在紙上甩出很多彩色的點，好像下著彩色的雨一般！」

2. 作品回饋：就是以一種欣賞、肯定的態度，反映兒童的作品。這具有提升自尊、自信及給兒童成功經驗的效果。

「嗯，老師看到有紅色、黑色、綠色和橘色四種顏色，在紙上互相交錯，色彩好艷麗喔！」

「哇，你的作品是四種不同顏色從四個角落，好像流星般的射向中間，然後在中間交錯在一起！」

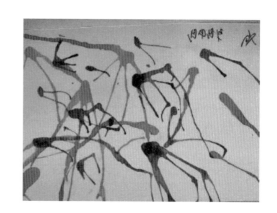

兒童分享

吹畫的作品通常都是低結構、抽象的，所以，也很適合引導兒童分享他的作品，也很有可能跟其重要生命經驗作連結。筆者認為引導兒童分享就是一個對兒童的肯定，即使沒有任何的投射或連結也無所謂！

但若是一開始就針對兒童的某議題或情境進行主題式的吹畫創作，則一定要進行引導兒童分享的步驟。因為有了具體的作品，可以讓兒童更細膩精緻的分享出內心的感受，讓兒童將其壓抑的情緒得到紓解，治療師也可以在兒童分享過程中給予支持、反映及關注，傳達出一種陪伴、肯定與

接納的態度，這都能讓兒童更接納自己，並且滋生出內心的勇敢與力量，
對兒童很有治療效果。

「琪琪，妳畫了好多種顏色，好豐富的感覺，老師想請妳說說看裡面
有什麼呢？這些顏色分別代表著什麼心情呢？」

「琪琪，妳很勇敢地把目睹爸爸打媽媽的感覺呈現出來了。剛才妳在
吹畫過程，還大叫了幾聲，我想真的是很不開心的！現在請妳講講這些顏
色及這邊一大團的顏色，都好像是什麼？」

命名

在走完上述過程之後，就可以邀請兒童為其作品命名，也可詢問是否
願意將作品裱框。若是針對某些議題而進行的主題式創作，則更鼓勵由兒
童來決定要如何處理這個作品，不一定要裱框或保留下來，因為這個作品
很可能有很多負面情緒，兒童會想丟掉、毀掉或撕掉。

「小明，老師想邀請你為這幅畫取一個名字？你覺得它的名字會是什
麼呢？」

「琪琪，妳真的很勇敢，把心中很多的情緒都吹啊、甩啊的表達出
來！」

「你剛才還講了好多好多你心中的情緒，像這個紅色是生氣、黑色的
線條是無奈……。」

「你把這個作品取名叫《浴火鳳凰》。嗯，很能表達出你現在的狀
態。」

「好，現在你可以自己決定要不要將此作品裱框？或是帶回家？或是
留在這裡？想怎樣都可以，你可以自己決定。」

「你決定把它撕掉。嗯，可以的！」

肆、滿足自主需求之策略遊戲活動

結構式遊戲治療根據緊鬆的外顯行為及自主、親密兩大心理需求，形成四個象限八種類型來評估兒童，更重要的是藉此來了解兒童的心理需求為何。筆者堅信每位兒童的問題行為深層都是渴望滿足自主心理需求及親密心理需求，或兩者都要。因此，當我們了解兒童的心理需求之後，運用適當的策略遊戲就會很有效果。

自主心理需求是一種自己可以決定與選擇的需求，即使是小孩也有當家作主的需求，剛學會走路的小孩對周遭世界充滿好奇，所以會到處探索，你若將他限制地緊緊的，只會讓他更想掙脫與抗拒。兒童越大這種自主需求當然就越強，因此，在安全及兒童能力可以做到的條件下，父母真的要給兒童自主的空間與機會。若兒童被限制管控太多，一開始通常會抗議、生氣或憤怒，接下來就會不服從管教、不聽話不配合；若還是被父母壓抑住了，他可能將這些情緒轉而內射，麻痺、忽略自己的感受，更嚴重的就會自我放棄或自我傷害。也有的人會變得易怒、攻擊或指責別人，總覺得都是別人的錯，都是別人惹他生氣的。

曾經輔導一個資優班六年級學生，為了對家長及老師過於嚴格控制的管教表達心中的不滿，而在一個重要考試時故意繳交白卷。這個「不寫、交白卷」行為就是很強烈的表達抗議，宣示我需要「自主」。有些兒童表現出不服管教、頂撞、違規……等情事，其實有很大的可能都是在表達我要自主。若家長或老師沒能看到兒童的自主需求，而是一昧地指責與限制，只會讓事情更惡化。我們若沒能尊重與接受兒童的「自主需求」，在

規範兒童與滿足兒童「自主需求」這兩方面得到平衡，各種管教技巧是很難奏效的。

　　總之，當兒童出現較嚴重的情緒或行為困擾時，請反思一下這些行為背後的動機、期待或渴望。兒童是不是在渴望、期待得到「親密的需求」或「自主的需求」呢？我們是不是忽略了兒童這兩個基本需求呢？我們要學習看到、注意到兒童的「親密需求」，以及尊重與接受兒童的「自主需求」。

一、「蓋章」活動

(一) 基本理念

　　結構式遊戲治療一直鼓勵治療師跟兒童建構一個固定且規律，又有一點獨特的活動。結構式遊戲治療將這種固定且規律的活動稱之為「儀式性」活動，當兒童習慣地進行這樣的活動時，這個活動就把治療師跟兒童緊緊地連結在一起了，筆者多年的實務經驗發現，這樣的活動有助於兒童安全感與關係的建立。

　　簽名、蓋章或打個手印在東方文化是很被看重的，例如象徵國家存在的國璽，每個單位也都有官印關防，兩個單位或兩個人簽約時要簽名蓋章。每一個人在重要的事件活動中，如結婚、存款、切結、各種身分的確認都要簽名蓋章；中國的國畫、書法作品都會有書法家、畫家的蓋章落款。由此可知，印章或者是蓋章在我們的文化裡面，具有重要象徵跟意義，印章或蓋章是一種地位、能力、專業、承諾跟自我認同的象徵。

　　結構式遊戲治療的策略遊戲會特別運用到印章、蓋章活動，也就是因為這象徵著一種能量、能力及我能感，當兒童拿起一個章，在蓋章的過程，就是一種賦能、賦權，若再搭配著不同造型、不同文字內容或是有兒童名字的章，或專屬於他的章，那就更有意義與價值了。

　　由上可知，結構式遊戲治療應用蓋章、印章這個策略遊戲時，其實就是在提升兒童的自尊、自信及提升兒童的我能感、自主性，同時他也是在給出個承諾喔！

(二) 實務運用

　　結構式遊戲治療的策略遊戲中，我們很鼓勵治療師準備各種造型圖案、文字的印章，在每個遊戲單元結束離開前，讓兒童自己選擇喜歡的圖案文字來蓋章。如果治療師有刻印章的能力，也可以為兒童刻一顆屬於他的章，這是一個很具power的介入。

　　在結構式遊戲治療實務上，我們有幾種不同的做法：

1. 若治療師也懂得如何刻印章，就可以用肥皂、橡皮等素材，帶著兒童一起刻一個屬於他的章，這個章可以刻下兒童的名字、他的綽號、他喜歡的字……，讓這個章具有特殊意義。

2. 蓋章可以變成儀式性活動。例如每次在遊戲治療單元結束前，邀請兒童依時間序蓋在遊戲小書中，或是有一頁專門讓兒童蓋章，每次蓋完章要記得押上日期。或者是你每次寫一句話給兒童時，或是兒童自己寫下今天的體會、心情時，都可以邀請兒童蓋上他自己的章或他喜歡的章。

3. 配合前述活動，治療師收集各種不同造型、不同形狀的章，因為這些不同造型及文字的章會產生不同的治療效果。以下建議可以收集不同類別內容的印章。

   ・正向文字內容或圖案：你做到了、你可以的、一級棒、你很棒喔、了不起喔。有力量的手臂、拍手、大拇哥等。

   ・各種情緒字眼、情緒的表情，如微笑、開心、Happy。

   ・大自然現象圖案、日月星空。

   ・隱喻圖案：象徵宗教、信仰、神明、圖騰……等造型的章，好比各

種不同宗教的神明、阿拉、基督、十字架、具有祈福、保佑等造型章也非常適合。也有一些章本身就有各種宗教、神明的造型，如媽祖造型的章。

‧溫暖撫育的圖案：擁抱、餵食、哺乳。

‧正向形象的人物角色：如米老鼠、米妮、超人、蜘蛛人等。

總之，擁有一個屬於兒童自己的章，或是可以選擇他喜歡的章，蓋在自己的書籤、卡片、小書上，都具有賦權、賦能、提升兒童自信自尊的效果。

4. 筆者實務經驗，更鼓勵治療師將蓋章活動搭配其他活動進行，例如搭配「寫回饋卡片」活動，在兒童寫好的回饋卡上蓋章；搭配兒童畫圖、塗鴉等活動，在兒童創作的作品上蓋章；搭配「一句話書籤」活動，在兒童的一句話書籤上蓋章；搭配遊戲小書製作，在遊戲小書上蓋章……等等，都可以讓原本兩個獨立的活動，因為增加了蓋章而進一步產生一種「畫龍點睛」、「相得益彰」的效果，更突顯這兩個活動的正向影響力。

一個小小的蓋章活動常常是一種能量與能力的證明，治療師又有機會讓兒童選擇喜歡或象徵自己狀態的章，這就具有滿足兒童自主需求的功能。小兵立大功，不要小看這個蓋章活動的介入。

5. 當兒童因某個事件，而出現悲傷、受創、焦慮及痛苦……等強烈負向情緒之初，其所創作出來的作品若也都帶有很多相關負向情緒時，筆者認為此時就不適合在此作品上蓋章，因為這樣的作品可能會用來引導兒童抒解情緒，例如有的兒童就會將這樣的作品撕掉！但我們很鼓勵蓋章活動運用於當兒童有了新的領悟、轉折後所創作的作品。亦即蓋章活動具有一種自主與賦能的象徵，可見蓋上章的作品就是值得保存、保留下來的，故不建議在充滿負向情緒的作品上蓋章。

(三)「蓋章」活動執行具體過程

準備

　　建議參酌前述介紹不同類別的章，治療師準備夠豐富夠多元的章，就更能吸引兒童參與此蓋章活動；並提供及收集小朋友蓋印章的本子、卡片、書籤等，治療師可以視自己進行的方式來做準備。再來就是準備不同顏色的印泥。

執行

1. 邀請

　　通常蓋章活動都會搭配其他活動，且都是在這些活動的最後，治療師邀請兒童進行蓋章活動。有時治療師也可以透過印章之內容、圖案給兒童回饋。

　　「阿哲，剛剛你畫了一幅很豐富的畫喔！這裡有很多印章，有『我好認真』、『我真的好努力』、『我可以做得到』等，老師想邀請你選幾個喜歡的章幫自己蓋章！」

　　「阿哲，我發現你剛剛玩遊戲的時候好投入、好認真喔！老師想幫你蓋個『我可以做到』的印章！」

2. 分享

　　當兒童選擇圖案或文字印章時，表示這個圖案或文字對他而言相當有意義，有可能是兒童想要得到的對待方式、想要被鼓勵的話、懷念的溫暖圖像記憶……，我們可以運用此機會，好奇探問兒童選擇這些印章的用意，讓治療師更理解兒童內在的需求或期待，也讓兒童將自己的需求、期待表達出來，擴增蓋章活動的效果。

「阿哲，這裡有好多種印章圖案，老師好奇你怎麼會選這個米老鼠的圖案，你能說說看嗎？」

「阿哲，你選了一個『我是被愛的』這句話，老師好奇怎麼會想選這句話呢？你願意說說看嗎？」

3. 反映

當兒童分享自己選擇的圖案或文字內容後，我們可以試著反映兒童內在的感受，甚至同理兒童選擇這些印章的決定，讓兒童覺得有人懂、有人聽見他，深化這些文字與圖案對兒童的影響力。

「米老鼠讓你感到溫暖、窩心，會讓你回想到曾經照顧你的阿嬤。」

「最近老師和同學對你的關心，讓你覺得你仍然被愛，你選擇『太陽』這個圖案的章。」

結束

在進行完上述過程之後，就可以結束蓋章活動，又因蓋章活動通常是在遊戲單元結束前進行，因此可配合搭配的活動一起做結束，建議可以拍照做收尾。

「小明你已經完成『一句話書籤』，也蓋上一個你喜歡的『太陽』的章。」

「來！你拿著蓋了章的一句話書籤，老師幫你拍照！」

二、「藏東西」遊戲

(一) 基本理念

　　「躲藏」、「隱藏」是一個非常微妙的心理動力。我們的祖先在叢林生活中充滿著很多的危機、危險，經常要躲藏跟隱藏自己以避免危險，所以，「躲藏」、「隱藏」是人類的一個共同生命經驗，我想這個經驗還是有遺傳下來。你面對一個幾個月大的小嬰兒，先用手遮住臉，再放下雙手露出來給小嬰兒看到，他就會呵呵大笑。兒童在成長過程也經常喜歡藏東西或將自己躲起來，然後要父母親來找到他。

　　「隱藏」、「埋藏」是一個物件東西消失了、不見了，這也可能和「失落」、「失去」等情緒有所連結；有時「隱藏」、「埋藏」則是一種想「擁有」、「保有」，甚至「獨占」的心理，不希望這個玩具、物件被別人拿去玩！另外「隱藏」、「埋藏」也和不安全感或沒有安全依附有關，這在很多育幼院、寄養兒童身上發現，他們經常會把喜歡的食物、物件藏起來，因為他們過去的經驗就是過於「匱乏」，「藏」東西對他們而言，不僅僅只是想擁有，還隱含著一種更深的不安全感。從這些說明「隱藏」、「埋藏」的一個小動作，有很多微妙的心理動力，更重要的是這些心理狀態很難用口語描述出來。這也更凸顯「隱藏」、「埋藏」行為的重要，兒童自發地在玩「躲藏」、「隱藏」的主題時，經常就是治療轉折及產生療效的關鍵時刻！所以我說「躲藏」、「隱藏」本身就具有一個非常有趣的心理動力及具有治療的效果。

　　另外「藏東西」遊戲的一個重要心理動力，就是進行「藏東西」或把自己藏起來時，治療師是否要立刻找到兒童呢？或刻意的讓兒童躲藏久一點呢？治療師可以刻意地讓兒童躲久一點且搭配著一些「你躲在哪裡麼？」「咦！是不是在這邊」等反映，讓整個活動更顯趣味及刺激。又，當我們面對的對象是嚴重受創的兒童，例如受到家暴或性侵害的兒童，

「躲」或「藏」更有一種尋求安全感的象徵與需求，當他在家中或受傷害的情境，一個人躲在一個地方時，當下的心情可能是忐忑中帶著焦慮、害怕的，而在遊戲治療室中躲藏，可能就有更多的安全感感受，但也似乎又在體驗過去的焦慮、害怕。當下，他可能期待可以在這樣的安全基地、安全堡壘待更久一點！有些兒童還會帶著布偶客體，或槍、劍及刀等武器一起躲起來，可以讓他更有安全感。此時，治療師不用急著找出兒童，而是可以針對兒童安全感的內在需求或感受進行反映。

「哇！你躲在一個老師找不到的地方喔！」
「嗯，這是一個你覺得很安全的地方！」

「你還把小熊帶在身邊，又安全又有人陪伴。」
「你還帶三把槍、刀子一起躲起來，讓你不再害怕！」

　　若是面對家暴、性侵害或嚴重身心及安全感受創的兒童，基本上可以讓他們躲久一點，甚至躲到遊戲時間結束。有很多人會疑惑，在這遊戲室中躲藏怎麼可能找不到！是的，但大家要了解重點是兒童自身「躲」、「藏」的行為，會讓他有掌控、自主感，加上他是「躲」、「藏」在一個象徵安全的地方，這樣的感受可以滿足兒童平日生活中的期待與需求，而且這遊戲過程中，有一個接納、了解他的治療師專注地陪伴與反映。以上這些都能讓兒童受創的心靈得到滋養與修復。

　　即使不是兒童自發地在玩「藏東西」的遊戲，筆者也很鼓勵治療師有意圖的邀請兒童玩這個遊戲，因為在藏東西過程，兒童自身有完全的掌控權來決定把東西藏在哪裡？如何藏起來？這是一種自我能力的展現、自主需求得到充分的滿足。當兒童把物件、東西藏起來或者自己躲起來之後，

由治療師去尋找、尋獲的過程中，兒童可能很得意、很開心，當治療師就快要找到時，內心可能充滿緊張與刺激，東西被找到了則轉換成一種釋放，或想再藏一次來挑戰治療師的動力。真的是充滿的心理動力與高潮迭起、情緒轉折的遊戲。

(二) 實務運用

筆者在「藏東西」遊戲結構式遊戲治療的實務運用上歸納出幾個要點。

1. 建構或設計有「躲藏」、「隱藏」的環境

由上述分享不難了解「躲藏」、「隱藏」在遊戲治療中十分重要，筆者非常鼓勵治療師在建構遊戲治療室時，一定要有地方可以讓兒童躲起來，例如準備一個小帳篷或者是有一個戲劇舞台架，可以讓兒童躲藏在其中。

2. 沙箱、沙盤的準備有其價值及重要性

筆者的實務經驗發現，若遊戲室有準備沙盤或沙箱時，幾乎所有的小朋友都會玩沙子或用沙子將物件「埋」起來、「藏」起來，然後再找出來或挖出來。過程中，兒童幾乎是不說話的，就是沉浸在這樣的遊戲裡，享受這種「躲」、「藏」及「尋獲」、「找到」的心理感受變化。筆者的經驗也發現這樣的一個過程，都是兒童在轉變或進步的轉折點，所以，這樣的遊戲極具治療效果。由此可知，沙箱、沙盤的準備有其必要性。

3. 治療師在「藏東西」遊戲過程中，適切的反應更能增進此活動的趣味及效果

治療師可以邀請兒童把一個物件藏起來，然後由治療師把它找出來。當然治療師在尋找的過程中，可以故弄玄虛的反應「覺得好難找」、「都找不到」、「喔！在哪裡呢？」、「是不是在這裡呢？」、「是不是在那裡呢？」等等各種口語反應，讓兒童覺得更為刺激、好玩。另外一個簡便

的變通方式，就是讓兒童把東西、物件握在手上，或者裝入一個束口袋中，再讓治療師來猜裡面是什麼？

4. 「藏東西」遊戲具有提升兒童自主性的效果

「藏東西」遊戲過程，不管是治療師藏東西或是兒童藏東西，都可以讓兒童擁有或經驗掌控權與決定能力的過程，充分滿足兒童的自主需求，若治療師適切的反應能讓整個過程呈現又刺激好玩的氛圍，更具治療效果，且這遊戲適合結構式戲治療四個象限的所有兒童。

5. 「藏東西」遊戲可以作為遊戲單元的主活動，也可以建構成類似儀式性的活動，固定規律的在整個遊戲治療歷程中進行

「藏東西」遊戲所需要的時間可以短到2-3分鐘即可完成，所以，也很鼓勵治療師把此遊戲建構成一個「儀式性」的活動，在每次遊戲單元一開始或結束前來玩，當「藏東西」成為你和兒童儀式性般的活動時，就又同時再產生一個具治療效果的治療元素了。

6. 容許兒童將物件藏起來且不拿出來

前述也提到「藏東西」的過程可能投射其內在的「匱乏」、「沒有安全感」，因此他想「擁有」、「保有」，甚至是「獨占」這物件。這樣的心理需求或心理動力必須被接納，因此，我們容許兒童想要將此物件藏起來，不想拿出來的需求。治療師在實務上面對這樣的兒童時，要容許兒童在遊戲單元結束時，仍然是將物件（如他喜歡完的汽車）藏起來！等到兒童離開，治療師再把物件拿出來，但記得下個遊戲單元前，要把物件放回原來藏匿的地方。

(三)「藏東西」活動執行具體過程

準備

要能順利進行「藏東西」遊戲，要先確定遊戲室的環境有容易躲與藏

的地方，並準備好能吸引兒童玩「藏東西」遊戲的沙箱或沙盤。其他要藏的物件或玩具，基本上遊戲治療室中既有的玩具就足夠了。

執行

1. 邀請

　　若是兒童自發的玩捉迷藏或「藏東西」遊戲，治療師就可以輕鬆自在的跟隨著兒童進行遊戲；治療師也可以主動邀請兒童玩這個遊戲。若可以將「藏東西」遊戲建構成一個儀式性活動也很好！一個開始的邀請其實很簡單，就是講解藏東西的規則，通常包含藏東西的範圍、區域、遊戲時間或玩的次數。

　　若「藏東西」遊戲是治療師邀請進行的，筆者比較建議在遊戲單元結束前進行，建構成一個儀式性活動，不會也不需要占據太多遊戲時間。

　　「阿力，我們自由遊戲的時間已經到了！現在老師要邀請你來玩藏東西。我們可以玩10分鐘。」

　　「你要藏東西給老師找？或是老師藏東西，你來找？」

　　「好！你拿一個玩具或物件，將它藏起來，數到十秒後，老師就開始找。但不能藏到遊戲室外面及窗戶外面！」

2. 催化、反映

　　當兒童藏好東西後，一定不希望我們馬上找到，若太快找到就會讓兒童感到很無趣或挫折，簡言之，兒童就是希望治療師很認真的找，但卻找不到或是要花一些時間。治療師在進行「藏東西」遊戲時，得必須掌握兒童這樣的心理狀態，來催化整個遊戲，讓整個遊戲變的好玩、有趣，也能讓兒童更投入。

　　除此之外，治療師也可以在遊戲過程中，針對兒童展現的能力、表

露的情緒給予反映。尤其兒童在藏東西過程，可以充分滿足其自主及掌控感，尋找東西過程則可以展現能力，這些行為展現都很鼓勵治療師給予反映。

　　「天啊！布娃娃你在哪裡呢？阿力好會藏東西，把你放在哪裡呢？老師怎麼都找不到？」

　　「阿力，你一定藏得很用心、很努力，才讓我找了好久才找到。」

　　「你觀察力很好喔！竟然在一堆布偶中找到了！」

結束

　　若是治療師邀請進行的「藏東西」遊戲，通常就是依據一開始定的時間或次數來決定遊戲的終止！

　　通常就是給予一個簡單的告知結束及回顧即可！當然也很鼓勵治療師拍照，邀請兒童跟他找到的玩具、物件合照。

　　「阿力，藏東西遊戲時間已經到了，我們要結束了！」

　　「你剛才在櫃子後面和沙箱中藏了汽車和士兵玩具，嗯，藏得真好，讓老師找了好久！」

三、「照相」之提升兒童我能感

(一) 基本理念

　　我一直相信結構式遊戲治療是一個可以很「生活化」的專業諮商模式，亦即它不只是在遊戲治療中應用，更可以實踐在生活中，落實在家庭與學校中。在此分享有關「照相活動」「相片」、「相簿」等在遊戲治療

實務及生活中的應用。

即使你是一位極有權力的國家領導人，當理髮師或攝影師在幫你理髮或拍照時，叫你頭抬高一點、肩膀放鬆點，靠右一點……，你也只能照做。在一齣戲或電影中，導演是多麼的重要，導演也是多麼的有權力。上述的理髮師、攝影師、導演所擁有的「權力」，其實是一種「決定」、「自主」的展現，而不是那種有武力、權位的權力。

人不分男女、年齡、角色、職業等等，都需要有自主的權力，一個人能有自主權力，才代表他有自由的心靈；無法有自主權力時，人會很痛苦及充滿憤怒。曾經接過一位動不動就會用頭去撞牆的兒童，究其原因，就是因為他在家想做的事情幾乎都會遭到制止、拒絕及否定，因此當他在生活中又遇到被拒絕或制止的情境時，他就出現撞牆或自傷的行為。

基本上，兒童在成人的眼中是需要被照顧的，是不成熟的。因此，有很多重要事情也都由成人代為決定。但若所有的事情都由成人決定，兒童從未有自己決定的機會，那也會有問題。這種極度缺少自主性的兒童，有部分會出現退縮或類似習得無助、自我放棄的行為，但另一部分則是只要離開嚴控的情境，他的行為就脫序、不守規範了。因此面對此類的兒童就同時要能滿足其權力控制的需求，但又需要其遵守規範、規則。

照相或類似活動就是在提供兒童自主的權力，但在行使此權力時又必須遵守某些規則，例如要正確操作相機、可以拍幾張，在什麼情況之下才可以有權力等，都可以透過此活動來加以規範。因此，整個活動是在給兒童自主權力的同時，也引導兒童學習自我掌控、遵守規範。

另外從人際歷程理論的觀點來看，人與人相處的過程就是人際互動的過程，一段好的、正向的人際歷程，可以提供一個人更彈性、更健康發展的效果與力量。人際歷程理論強調輔導過程就是在建構一個正向的矯正性情緒經驗，筆者所建構的結構式遊戲治療更強調要把這個正向的經驗具體

地呈現出來。亦即，我們在遊戲治療開始之初，就已在爲遊戲治療諮商關係的結束做準備，這個準備就是要具體呈現整個遊戲治療歷程，我們相信將此歷程設計成具有視聽效果的回顧，更能讓人歷歷在目印象深刻。

　　一首好聽、動人的歌，一張充滿回憶的相片，都可以讓人永生懷念，這是多麼美好的一件事情啊！若我們在遊戲治療的最後一次，可以和兒童及父母、老師一起回顧整個遊戲治療過程，將會很有正向的影響。最後再將遊戲治療過程的點滴做成一本遊戲小書或一段影片送給兒童，會是他一個永難忘懷的禮物與生命經驗。而要能將此過程留下來，又讓兒童將此陪伴過程帶著走，當然就需要在過程中拍照囉！

　　筆者將「照相」活動的相關理念整理如下：

1. 掌控且有立即的成果回饋：擁有照相機就是一種權力的象徵，自己可以決定從哪個角度拍攝、遠近、大小、物件擺設……等，就如同前面所講的攝影師、導演。加上數位照相機的特色，可以立即看到拍攝的結果，這是一種立即的回饋，如果不滿意還可以刪掉重拍，這樣的過程都能讓兒童充分體會到掌控感。

2. 具有增能賦權的效果：雖說數位照相機、手機非常普遍，但數位照相機或手機對兒童而言仍是一個珍貴的物品，許多家長不容許兒童隨意操弄。因此，當治療師充分授權、同意兒童拿數位相機或手機可以自行決定拍照過程，對兒童而言，除了能體驗到掌控的權力之外，更具有增能賦權的效果。

3. 提供未來結案時歷程回顧的素材：結構式遊戲治療根據人際歷程理念，在整個遊戲治療結束時會進行一個歷程回顧，又爲使得歷程回顧更具療效，筆者建議治療師將兒童的遊戲過程及其創作的作品聚集成冊，作成一本遊戲小書。因此，治療師在進行「照相」活動時，所拍攝的作品都可以做爲製作遊戲小書的素材，不僅可以豐富這本遊戲小

書的內容，還可以提升兒童的自尊及自信。

(二) 實務運用

　　筆者的實務經驗發現兒童非常喜歡此「照相」活動，尤其是年紀大一點的兒童，他們不僅拍作品，還會邀請治療師幫他與作品合照，或和治療師合照，甚至有的還會不斷的自拍。這樣的過程都可以讓兒童有掌控感又學習遵守規範。由於照相活動不是一個需要特別引導步驟或技巧介入的活動，因此提出幾個運用此活動的建議。

1. 若決定運用此活動，筆者建議每次在進行遊戲單元時，就將數位照相機或手機帶進遊戲室。然後告知也徵求兒童的同意，於每次的遊戲過程中照相。

　　　「小明，你知道這是什麼嗎？」

　　　「它是數位照相機，老師每次都會帶來，然後也會將你的遊戲過程、作品照起來。」

2. 在第一次的遊戲單元進行「拍照」活動時，先告知兒童，若兒童沒有反對或拒絕就可拍照。但有些兒童會拒絕，治療師則可以詢問若僅拍玩具或作品是否可以？有些兒童就可以接受，但仍有極少數兒童就是不接受治療師進行任何拍照活動，那此次遊戲單元就暫時不進行拍照活動。但治療師仍然在下個遊戲單元時繼續告知、詢問。依筆者經驗，即使一開始拒絕拍照的兒童，也會隨著關係的建立與進展而同意拍照，甚至投入及樂於拍照。

3. 通常兒童都會很珍惜小心的使用數位照相機或手機，但為確保數位相機或手機的安全，建議治療師選擇有安全帶的相機或告知如何拿及操控，要求兒童在照相時必須先將帶子套在手上及正確操控。

4. 照相的時間、可以拍照多久、拍幾張相片等規範，筆者認為可以視兒童的狀況或需求而定，若兒童有權力控制的需求，在沒有破壞玩具、傷害自己或傷害別人的設限範圍時，可以讓兒童充分的在時間限制下盡情拍照。

　　「如果你要自己拍作品，也可以告訴老師，老師可以讓你自己拍。」
　　「你自己可以決定要怎麼拍？用怎樣的角度、遠近、擺哪裡等，都可以自己決定，但是只能在結束前的拍照時間拍，一次只能拍10張。」

5. 遊戲單元結束後，建議治療師立即將所拍的照片存檔，並記錄時間，以利日後製作遊戲小書或遊戲治療過程影片。

(三)「拍照」活動執行具體過程

準備

　　拍照活動最重要的物件就是相機，現在手機也都有很完備的照相、錄影功能，用手機替代相機也很方便，只要能把握住滿足兒童自主需求及擁有掌控感就對了！

　　另外，若每個或多數遊戲單元都有拍照，那應該會拍很多相片，不可能每張相片都用到遊戲小書上，因此，也建議治療師可以建立相簿或電腦上的資料夾，收集彙整你對兒童所拍的相片。

執行

1. 告知與邀請

　　基本上，在第一次遊戲單元要進行「拍照」活動時，告知兒童。若兒童不接受任何拍照活動，就在下個遊戲單元時繼續告知、詢問與邀請。

「小明，老師要拍你疊起來的疊疊樂，可以嗎？」

「小明，等一下老師會拍你玩遊戲的過程，你不必管老師，就是繼續玩！」

「小明，來，這次讓你替自己的作品拍照！」

2. 拍照

實際的拍照過程會在遊戲治療過程中，也可能在遊戲單元結束前。通常在第一次遊戲單元或某單元獲得兒童同意拍照之後，爾後治療師拍照就都不必再次詢問，以免干擾兒童玩遊戲的流暢。基於相同原因，若治療師邀請兒童入鏡或由兒童來操作相機，建議排在該遊戲活動結束或遊戲單元結束前進行。

「小明，老師要拍你疊起來的疊疊樂。」

「來，你坐在你疊的疊疊樂旁邊，老師幫你和疊疊樂一起拍照。」（兒童完成疊疊樂的堆疊）

「來，你來試試看！」

「這是快門，按下去就拍照了。這是調整遠近的，你可以試試看。」（將相機交給兒童，由他自行拍照）

「這是你用樂高積木排起來的城堡，你自己決定要如何拍？遠近大小都你自己決定！」

3. 見證反映

「拍照」活動本身具有增能、賦權及滿足自主需求的效果，透過「提升自尊」、「見證」技巧的運用，都能增添此活動的效果。因此，鼓勵治

療師針對兒童拍照的作品或剛剛的遊戲過程，進行提升自尊技巧反映；或是透過治療師或布偶客體進行「見證」技巧反映。

「小熊，你看，這是小明畫的星際大戰，內容非常豐富喔！」
「現在，老師要幫小明和他的作品拍照！」（搭配小熊見證）

「小明，來，你覺得你組裝的這個機器人，哪個部分你最滿意？」
「把最滿意的部分拍個特寫，同時也告訴老師，為什麼最滿意那裡？」（拍照搭配自我見證）

結束

「拍照」活動的結束比較簡單。若是在兒童的遊戲過程中，當治療師針對兒童某些特別的動作、作品拍完照之後，就持續的進行遊戲治療，若是在遊戲單元結束前拍照，在拍完之後回到治療師進行結束的儀式性活動即可。

四、樂高變變變 —— 建構與破壞

(一) 基本理念

樂高玩具是一種常見於學校與家庭的玩具之一，本身有多種顏色的變化，組裝、拆解的過程很具建構多變的特色，也可以帶出很多內在感受。例如兒童組裝出自己滿意的造型，就會很開心且有成就感；將一個作品拆掉可能觸動其不捨、猶豫甚至難過；組裝過程不順利或不滿意，則可能會有生氣、沮喪的心情。這些情緒的觸動就是在組裝拆解之間產生的！樂高積木是一個結構性很高的玩具，而「樂高變變變」活動就是運用樂高積木高結構的特性，讓兒童感受組裝、拆解間可能帶出來的感受，組裝拆解也

可以說是一種建設與破壞間的情緒流動，把握住這個特性就可以有效運用樂高積木協助兒童進行具體且有觸動的情緒表達。

在此，主要是介紹如何運用樂高積木的顏色及擺設，引導兒童將其對某事件的情緒感受擺設出來，並引導兒童透過建設與破壞樂高積木過程，促使其與該事件的情緒接觸、轉變與流動。

在實務上，經常會邀請兒童利用不同顏色樂高來代表不同情緒，然後將內在強烈的情緒透過樂高積木擺設起來，越是強烈的情緒，兒童經常會排得越多越高，且越專注、越投入，有時也會擴展擺設的基礎，使得樂高的基礎變大，又可以擺得更高。這樣的擺設過程非常具有療效，因為整個過程是兒童親自擺設，擺設出來的樣態很具體也很具像，就是一種立即回饋，可以讓兒童不斷地看著造型樣態而立即檢視自己的情緒，也會隨著造型樣態的變化而讓兒童進一步感受，兒童甚至會更精細地組裝符合其感受的造型樣態。例如再高一點、再遠一點、再大一點、再小一點、再增加或減少……等。這是一個組裝、建設的過程。

若兒童前述組裝、建設的是一個比較負面的情緒象徵。接下來，治療師可以邀請兒童親自用手或其他物件來將此象徵著某種情緒的樂高積木作品摧毀、破壞。這個摧毀、破壞的過程，很具有紓解壓力及情緒宣洩的效果。

上述就是一個建設與破壞間的流動過程。有時治療師也會邀請兒童將負面情緒塗鴉在紙上，然後將此塗鴉作品撕掉、揉爛、丟棄……等，這也是一種建設與破壞間的流動過程。由於樂高積木本身的高結構性，使得在前述建設與破壞間的流動過後，治療師還可以更進一步的邀請兒童，重新排列、組合這些被他摧毀掉的情緒樂高積木，看兒童這時會重新排列出一個什麼樣的物件。基本上，不會排出一個完全一模一樣的物件，這樣的過程有可能帶出更深的體會。例如兒童認為被排擠的感覺像隻大怪獸，經

過「樂高變變變」的組裝、拆解的過程之後，他將怪獸重組爲一隻可愛的狗，治療師就能透過樂高積木具體的變化來衡量兒童的狀態，重組變化的過程也意味著兒童心理狀態正在產生改變。

其實這就是一個從結構、建構到解構、破壞之後，再重新建構的一個過程。我相信當兒童再一次地把同樣的樂高積木組合成另外一個新的作品時，他的內在其實就已經有了**轉變**，這個轉變是自然而然在這個過程中發生的，非常具有治療的效果。

(二) 實務運用

樂高積木是很多兒童喜歡玩的玩具，因爲它具有高結構的特性，而組裝過程卻又可以很自由自在地創作，創作出來的作品也可以讓兒童很有成就感、力量感。另一方面，也可以引導兒童將其負面的情緒經驗或事件，透過樂高積木將其擺設或組起來，然後再加以拆解、重組或改造，這樣的過程也可以產生很大的療效。在實務運用「樂高變變變」活動時，爲充分發揮樂高的高結構特性，以及組裝、拆解過程所創造出來的建設與破壞氛圍及情緒的流動，要把握以下要點，才能產生上述效果。

1. 治療師要準備足夠多元的樂高積木，例如不同形狀、顏色、種類……等，同時也容許兒童可以加入遊戲室中的其他玩具。

2. 可以邀請兒童針對某困擾的事件進行擺設，擺設過程可以僅是樂高積木的堆疊、組裝，也可能是一個多元組合，亦即有不同小物件、其他玩具的搭配，建構成一個有故事的作品。

3. 通常建議先行進行組裝、建構的過程，再進行拆解或破壞的過程。但記得要先邀請兒童分享其組裝完成的作品，然後再進行拆解、破壞的活動；當然也要邀請兒童分享拆解、破壞過程之後的感受、想法。

4. 有些兒童會沉迷於樂高的結構特性，亦即投入於進行組裝、設計不同造型的作品，且多半都是有力量的玩具，如槍、各種功能的車輛、特

殊功能的武器...就是不願意擺設負面情緒經驗的作品，更不願意拆解其組裝起來的槍、汽車、武器……等作品。此時，治療師絕對不要強迫兒童配合我們的邀請而拆解或破壞。筆者有兩個建議。第一個就是順著兒童的需求，讓兒童透過創作出一個很有力量、功能很強且自己也很滿意的作品，這具有建構其我能感、力量感及自信的效果。

第二個建議就是引導兒童這樣有力量的武器，最想打敗、征服的是什麼？或是這個武器的主人最希望這武器可以協助他做什麼？然後邀請兒童把這個想要打敗、征服的人、事件或情境擺設出來。

5. 建議將兒童組裝好與拆解後的作品，及過程拍下來，如此就可以看到前後差異。拍照時也要從不同角度、遠近、大小等進行拍攝。

(三) 「樂高變變變」活動執行具體過程

準備

就如前述，要準備足夠多元的樂高積木，例如不同形狀、顏色、種類等，同時也容許兒童可以加入遊戲室中的其他玩具。

執行

1. 邀請

進行「樂高變變變」活動的時候，可以針對兒童近期的情緒經驗、當下的情緒狀態或某個困擾事件帶給他的感受，邀請兒童以顏色和高度或任何他想得到的方式來表達這些情緒狀態。

「小恩，我知道妳最近心情不太好，這裡有很多顏色的樂高，老師想邀請你用樂高排出這些心情，你可以自己決定哪種顏色代表哪種心情，排的越高、越大或任何方式，來代表心裡面有的情緒。」

「小恩，每次妳和弟弟吵架，媽媽都只罵妳。我想妳一定有很多不舒服的情緒，老師請妳試著用這些樂高積木，把媽媽都只罵妳的感覺擺設出來，用任何方式都可以！」

2. 反映、分享與命名

兒童排列樂高積木過過程，治療師可以進行結構式遊戲治療的技巧反映，專注地跟隨著兒童，讓兒童能更加投入遊戲中。

「嗯，你用了黃色、紅色和藍色三種顏色。」
「紅色的這塊樂高積木要擺在最上面，好像也是最強烈的心情！」
「小心地、慢慢地擺上去了！」

兒童擺設完之後，治療師要邀請兒童分享自己建構完成的作品，盡可能的讓兒童說出所有顏色情緒都來，也幫助兒童覺察自己目前有哪些情緒、有多大的情緒，也很鼓勵為此作品命名。

「你排了好多種不同顏色的樂高，想請你說說看哪個顏色代表哪種心情，紅色代表著怎樣的心情呢？」
「黃色呢？」
「你有好多不同心情喔，看起來紅色的生氣樂高比藍色的難過樂高還要多很多喔，難怪每次遇到這樣的事情，你就都會氣呼呼的，真的很令人生氣！」
「好，現在老師想請你為這個作品命名。」

3. 邀請拆解、重組或改造

兒童前述的創作過程，若是象徵一個負向的情緒經驗與事件，那在經過兒童分享之後，治療師可以嘗試引導兒童將原先排好的樂高積木加以拆解、重組或改造，甚至是毀壞。這樣的過程可以讓兒童情緒得到抒解、轉換出不同的心情，或是有新的領悟。當兒童進行拆解、重組或改造的活動時，治療師也再次進行反映。

「小恩，現在老師想邀請妳把剛才擺的這些生氣、難過……，然後叫『討厭』的作品，來做一個重新改造，妳可以拆掉、重新組裝、摧毀，各種方式都可以。」

4. 拆解、重組或改造後的分享

當兒童將原先作品拆解、重組或改造的過程，還是要邀請兒童分享當下的感受。鼓勵治療師可以運用情緒臉譜來引導，讓兒童分享的更完整。兒童若是把整個作品拆解掉，則建議可先邀請兒童分享拆解掉的心情，再邀請他來重新組裝！也很鼓勵引導兒童分享拆解前後的不同心情。

「嗯！你重新組裝出跟原本不一樣的作品了，之前叫『討厭』，現在呢？你要叫它什麼？」

「說說改造後這個叫『公平』的作品，現在的心情有哪些？用老師這裡的情緒臉譜來選。」

「小恩，老師剛剛看到妳好認真的把原本的作品全部拆掉了，來，用老師這裡的情緒臉譜，來選出妳現在的心情有哪些？」

「小恩，我知道妳現在心情很糟，妳可以選擇把樂高都拆掉來發洩，

也可以再重新排出一個不同的心情送給自己，自己決定要怎麼做喔！」

結束

　　鼓勵治療師透過歷程回顧及拍照，來結束有關「樂高變變變」。當然，此時的歷程回顧內容就僅是聚焦在「樂高變變變」的活動過程。

　　在此要特別說明，治療師在進行「樂高變變變」活動時，不是一定要進行拆解、重組或改造的步驟。其原因有可能是時間不夠或兒童不願意，尤其若兒童不願意時，就不宜要求兒童拆解、重組或改造。治療師可直接進行「結束」活動，亦即進行到反映、分享與命名此階段，在兒童為其創作作品命名之後，治療師就可以進行回顧及拍照來結束此活動。

伍、滿足親密需求及促進情緒流動之策略遊戲活動

　　親密需求的滿足是每位兒童所期待及渴望的。當兒童感受到治療師的關注、接納與了解時，不僅是在建立關係，也同時滿足了兒童的親密心理需求。而要能滿足兒童的親密心理需求，最重要的是治療師的態度。除此之外，結構式遊戲治療特別根據依附理論、客體關係理論的理念設計了布偶客體、束口袋等活動，其實也就是要建構兒童一個正向的依附經驗，提升他們的安全感與情緒穩定，這些活動也都能滿足兒童的親密心理需求。

　　一位得到滋養、滿足照顧需求的兒童，通常都會需要具體且感受到正向接觸。亦即，當一個人面對困境，充滿壓力、焦慮、緊張、害怕……時，若有另一個人具體的做出滋養、照顧、接納的舉動，可以讓面對困境的人感受到溫暖、支持與了解，進而產生很大的力量。讓我分享一個實際的故事讓大家更能體會。這個故事我稱之為「一碗麵的思想起」。

　　還記得當時就讀國小一年級，家中父母為了拉拔四個孩子長大，於早上即外出工作，爸媽就會拿10塊或35塊錢給我們買午餐，當時10元可買一碗麵，35元可買一個便當；一天，母親拿了一枚10元硬幣給我，讓我在學校午餐時間去買一碗麵來吃。

　　在學校裡，午餐時間終於到了，飢腸轆轆的我，快步的跑到學校對面唯一一間人聲鼎沸的麵店，當時學生、客人非常多。瘦小的我，對著老闆喊著：「老闆，我要一碗麵。」但此起彼落吵雜的呼喊聲蓋過我細小的喊叫聲，於是我趨上前，站到老闆旁，告訴老闆我要一碗麵，心想先付錢，應該就會先做我的麵吧。

　　於是，我把那一枚從媽媽手裡交到我手上的10塊錢，放在老闆放滿零錢的桌上。老闆含糊的回應我稍等一下，沒多久，老闆把熱騰騰的一碗麵準備拿給我。

　　老闆說：「10塊錢。」

　　我告訴老闆：「我放在桌上了。」

　　老闆生氣的說：「小孩不能說謊，是壞孩子。」

　　我很委屈：「真的放在桌上了。」

　　老闆此時再也不理我了，轉頭就把我的麵拿給下一位等待的客人。

　　我呆站了數分鐘後，知道他不可能把我的中餐交給我。

　　我沮喪的走回學校教室外較無人經過的地方，委屈的開始哭了起來，此時我哭的不是沒辦法飽餐一頓，而是難過老闆說我是壞孩子。

　　同學中，有人目睹了整個經過，馬上告知班上的導師。

　　導師聽完同學敘述後，走出了教室，然後又進了教室，手上提著二碗麵，帶我到一旁，輕聲的告訴我：「○○來，陪老師吃麵，別說話。」我望向老師，眼睛泛著眼淚，視線一陣模糊，只看到她的笑容。

　　當天回到家，告訴母親在學校發生經過，母親說：「傻孩子，錢要

交到老闆手裡，才能拿取你要的東西。」並把老師幫我買的麵錢放在我手上，要我交給老師，依稀記得老師不肯收的畫面，只是叫我要好好讀書……。

此後，老師常要求我坐到她旁邊一起用餐，像是深怕我又自己躲起來挨餓。

雖然經過了二十多年，現在回想起來，那真的是我吃過最美味的一碗麵了，每吃一口，就有暖呼呼的、淡淡的甜、滿滿的愛。現在每當我經過當年的那間麵攤時，總是會回想起老師和當時的情景，那陣陣的暖流，仍然會在我心裡慢慢慢慢的漫延開來。

透過上述的分享，可以做一個小小的總結，就是要滿足兒童的親密心理需求，治療師的態度與讓兒童感受得到關注是關鍵，而這個感受通常都會與感官有所連結，促使一個人的感官有感受的物件是一個媒介、是一個連結，也就是依附理論所講的「客體」，這個「客體」把兩個生命體做了緊密的連結，建立起關係。上述「一碗麵的思想起」故事中的「麵」就是該兒童與老師的「客體」，即使已經是30多年的事情，只要再聞到或吃到類似當年的那碗「麵」味道，一定又會想起這段看似平凡但感人肺腑的回憶，而這個回憶中的「麵」是與味覺、嗅覺連結。

在實務遊戲治療過程中，治療師運用能與感官有所連結的物件，很具有滋養撫育及滿足親密需求的效果。例如運用布偶客體跟兒童有好的身體接觸、束口袋中的餅乾、巧克力或是播放冥想放鬆的音樂、配合著精油的香味……等等活動，這些都是依據客體關係理論、依附關係理論，再搭配筆者多年的實務經驗，所建構設計極具正向效果的策略遊戲。

兒童面對重要親人的過世，環境中重大的意外事件，如颱風、地震、嚴重車禍……等等，或在學校面臨嚴重霸凌、孤立事件，被虐待或目睹家

暴等事件，對他們的身心都會有嚴重的影響，甚至會讓他們失去安全感，對很多事件過度的敏感、驚嚇、焦慮、擔心及害怕等等，面對這類的兒童若沒有及時地做好介入，一段時間之後，兒童有關內在感受、情感的接觸、表達與流動，都會受到干擾，他們在人際互動上會顯得很沒有安全感，導致他在關係的建立上就顯得很困難。

面對這類的兒童，治療師除了要滿足兒童親密與滋養撫育的心理需求之外，還有一個重要議題要處理，就是引導兒童願意接觸、表達他內在受創的情緒、感受，如此才更能讓他們重新拾回安全感、掌控感，讓他們的情感能夠正常的流動、表達。

結構式遊戲治療認為面對這類的兒童，治療師在初期透過自由遊戲治療陪伴兒童，跟隨著兒童的步調、不著急、不催促地，逐步地跟兒童建立關係，然後再運用適當的媒材來引導兒童接觸、表達、流動其內在情緒感受。而這個情緒的接觸、表達、流動，也同時是在滿足兒童親密的心理需求。因此，接下來的幾個策略遊戲就聚焦在滿足兒童親密心理需求及促進其情緒流動。

一、「情緒臉譜」接觸深度情緒活動

(一) 基本理念

筆者的碩士論文是「情緒再體驗」之研究，就發現在諮商過程中，除了著重當事人在認知上的頓悟之外，若能使當事人在問題表露時，也伴隨著喚起的情緒，則能更有效的催化當事人改變，這會比只讓當事人有認知上的頓悟來得有效。

Greenberg和Safran（1987）兩位學者整理其多年的諮商經驗發現，不論治療師的理論取向為何，幾乎所有人都同意情緒對改變而言，提供了動機性的力量，情緒的喚起則是提供改變其信念的重要方法。

　　人本心理學大師Rogers（1959）提出「知覺的本能」（gift of awareness），認為人與生具有一種能力去「經驗情感」（experiencing a feeling），而經驗情感的過程，則包含了情緒的感受和意義的認知。這也說明了情緒覺察和認知運作其實是分不開的。更肯定人具有天賦的本能去經驗、察覺情緒，一個人之所以會察覺不到情緒，可能的原因多半是逃避、拒絕、僵化或卡住等等因素。

　　上述說明，不僅指出了情緒在治療改變過程中的角色，此外也可看到治療師在諮商中的角色，就是要協助當事人去察覺他的情緒。

　　筆者再將上述觀點加以說明如何運用在遊戲治療。

・不管處在人生的哪一個階段，每個人的成長都會受到阻礙或僵在某一點上，形成困擾。兒童本身就是他自己經驗的專家，治療師不必給太多的解釋，只要協助兒童去感受他內在的經驗，並且將其正確地「象徵化」（symbolized）及表達，即可達到治療效果。

・兒童中心取向或經驗取向的治療師，都強調要把焦點放在情感的不同層次上，而不是只聚焦在一「純情緒」（sheer emotion）上。亦即情緒是複雜的，一個困擾事件同時會在心理不同層次產生多種情緒，且每個情緒也都伴隨著不同的想法、觀點或詮釋。治療師引導兒童表達內在複雜的情緒及伴隨的想法、觀點，就會非常有治療效果。

・當情緒被充分的接觸及表達之後，經常就會有轉換與頓悟發生。但一件令人困擾事件所引起的情緒經常是非常複雜的，不容易充分覺察與表達，因此，結構式遊戲治療經常應用情緒臉譜及相關圖卡媒材，來引導兒童接觸其內在深層複雜的情緒及伴隨的想法。尤其在引導兒童接觸到內在深層情緒之後，接下來如何更具體釐清這些情緒伴隨的想法、觀點或詮釋，就是一個協助兒童處理情緒的重要步驟。

・每個事件都同時伴隨著很多複雜情緒，兒童的認知發展又尚未成熟，因

此，治療師不要期待兒童透過口語來表達內在情緒，而是要開發各種具體可操作的方法，或透過媒材來引導兒童表達。

綜上，治療師要懂得運用各種具體的圖卡、媒材引導兒童覺察、表達其內在複雜的情緒及伴隨的想法，這樣的過程不僅聚焦在單一的「純情緒」，而是能夠引導出內在不同層次的情緒，及伴隨的想法、觀點或詮釋，進而達到轉變或有新的領悟。

(二) 實務運用

根據前述有關「情緒臉譜」運用的理念，情緒臉譜在實務上可以有很多元的運用方式，結構式遊戲治療所介紹的自由遊戲、診斷遊戲及策略遊戲，都可以搭配情緒臉譜來執行。亦即，情緒臉譜可以運用在任何一個活動介入後的分享，尤其當治療師感受到兒童有比較深刻的體驗、觸動時，就很鼓勵治療師運用情緒臉譜來引導兒童分享其感受。

筆者在此介紹情緒臉譜在遊戲治療過程中最典型的策略遊戲：「選情緒、說情緒」。然後再介紹兩個延伸的情緒臉譜策略遊戲。

「選情緒、說情緒」活動可以說是情緒臉譜的典型做法，尤其兒童在面對某個情境、事件或某個人時，容易會有強烈的情緒反應，且這樣的情緒反應總是比平常或其他兒童來得強烈且長久的時候，就很值得運用「選情緒、說情緒」活動來協助兒童。筆者超過二十年以上的實務經驗得知，上述這種情緒反應總是比平常或其他兒童來得強烈且長久的狀態，通常都不是只有一種情緒，內在一定有更多複雜、衝突、矛盾、隱微的情緒，值得治療師引導兒童去覺察、表達。例如，有個媽媽就說，雖然事先都已經跟兒童講好睡前只講一本繪本故事，但若兒童要求再多讀一本，而媽媽沒有順兒童的意時，他就在那邊大哭、大吵、大鬧到無法睡覺，若媽媽繼續堅持不再多講繪本時，兒童可以哭鬧一整晚，若在大哭大鬧之後，同意再讀一本繪本時，兒童也無法很快平靜下來。媽媽還表示生活中類似這樣的

狀況很多，筆者認為這除了有媽媽與孩子設定界線或設限上的議題之外，我們可以合理的推測，此時兒童的哭鬧除了有生氣或難過的情緒之外，應該還有更深層的情緒沒表達出來，或對媽媽不願意再多講繪本故事有著我們不知道的想法或詮釋，例如他是不是覺得「不再講多繪本就是不愛我了」；「我會害怕，就是希望媽媽不要走，吵著要多講一本繪本或哭鬧的目的，就是不要讓媽媽走」。

總之，當兒童的情緒反應總是比平常或其他兒童來得強烈且長久時，就可以在平靜狀態時，邀請兒童來進行「選情緒、說情緒」的活動。

(三)「選情緒、說情緒」活動執行具體過程

準備

進行「選情緒、說情緒」活動首先要準備一盒「我的心情：情緒臉譜圖卡」，然後選一個不會被干擾的時段及地點，且在你跟兒童的情緒都很平靜的狀態下來進行，不建議在兒童有情緒的當下進行。

執行

1. 邀請

治療師可以直接就兒童的情緒事件來邀請兒童選出情緒。

「小明，昨天晚上媽媽不多講一個故事給你聽，你就很難過，又很生氣喔！」（治療師邊邀請，邊拿出情緒臉譜圖卡）

「老師猜你應該還有很多很多不同的心情，現在老師這邊有一個好玩情緒臉譜，你來選選看，昨天晚上媽媽不多講一個故事給你聽時，你還有哪些情緒？」（打開情緒臉譜圖卡，放在兒童前面，讓他來選擇。）

2. 反映

因為有情緒臉譜的幫忙，兒童很容易的就可以把他感受到情緒選出來。過程中，治療師就是完全的接納，不要急著問問題，而是先反映兒童及他所選出來的情緒臉譜。這是一個很重的關鍵，因為當兒童在選情緒臉譜的時候，他就已經開始接觸到內在的深層情緒，治療師此時跟隨、同理、接納式的反映，都有助於兒童更進一步表達他的深層情緒。這不僅可以幫忙治療師更了解兒童，這過程也很有治療效果。

「你很認真的看著情緒臉譜，慢慢地選，是的，慢慢來，不急！」
「喔，你選出了生氣、難過、不公平、孤單喔！」
「喔，還有懷疑、無助！這些情緒平常都看不到。」

3. 進一步探索

前述基本理念內容提及，若能把兒童有的情緒，進一步具體釐清其伴隨的想法、觀點或詮釋，將是協助兒童處理情緒的重要步驟。因此，在兒童選出各種情緒臉譜之後，接下來，治療師就是保持一種接納及真誠的態度，詢問兒童伴隨這些心情時的想法，一次問一個情緒就可以。很微妙地，此時兒童都可以看著情緒臉譜的圖卡，說出伴隨著這些情緒的想法、觀點或詮釋。

「那你告訴老師，是什麼讓你覺得孤單啊？」
「因為媽媽離開了，我覺得好孤單。」
「那又是什麼，讓你覺得不公平啊？」
「因為媽媽都陪妹妹，都沒有陪我那麼久，所以我覺得不公平。」

4. 撫育式反映

　　上述引導兒童分享其情緒伴隨的想法、觀點或詮釋過程，治療師就是專注聆聽、適切的同理或跟隨反映或給兒童一些撫育，如拍拍他或抱抱他，也鼓勵善用布偶客體進行撫育式反映。這會讓兒童感受到治療師關注、了解，他能將過去講不出來的、深層又隱微的情緒充分表達出來，對兒童而言，這會產生深度療癒與撫育效果，進而促使正向轉變的產生。

　　「原來，有時都會懷疑自己是不是媽媽的親生孩子，所以好孤單！」（治療師邊反映，邊輕輕的擁抱兒童）

　　「其實除了講故事這件事情之外，好像在生活上的很多事情，你也都覺得媽媽不公平！」

5. 結束與統整

　　「選情緒、說情緒」活動的過程，經常會有深刻的觸動過程，因此建議可以以一個比較撫育或充滿正能量的方式結束整個活動。例如治療師摘要回顧一下整個歷程之後，以一個擁抱做結束。或是邀請兒童選一張能量語句或能量圖卡送給自己，治療師也搭配選一張送給兒童做結束。

(四)「情緒臉譜」延伸運用：情緒量尺

　　「情緒量尺」活動就是一個引導兒童把他的情緒量化、具體化的一個簡單過程。我們可以做一個0到10的量尺，當兒童應用情緒臉譜選出一些情緒，例如生氣、難過、不公平等情緒，治療師就可以邀請兒童依據自己主觀感受這些情緒的強度，從0-10分分數越高表示強度越強，然後將情緒臉譜擺放到相對應量尺上。

　　當兒童把所選出來的情緒臉譜擺放到相對應的量尺上時，其實兒童已經再次精緻的接觸與覺察這些情緒，因兒童再一次體驗這些情緒給他的感

受，然後給每個情緒相對應的分數。透過這樣的過程，兒童可以很具體地表達這些情緒的反應強度，也讓治療師對這些情緒帶給兒童的感受有一個更具體的了解。有時也可以在一段時間之後，邀請兒童針對這些情緒做一個前後對照，看這些情緒在量尺分數上的變化，也是評估治療效果的依據之一。

這邊有一個重點要澄清，每個情緒量尺分數的高低，是該情緒的強度，不是對兒童的影響程度或干擾程度。有很多情緒是比較深層、隱微的，這些情緒的反應強度通常不會很高，但卻是影響兒童很深、很重要的核心情緒。例如上述小明媽媽不多講一個故事所引發的事件，小明的「生氣」、「難過」情緒的強度可能是8分、9分，「孤單」、「懷疑」情緒的強度可能只有5分、6分。但我們知道孤單、懷疑是更深層、更核心的情緒，能引導兒童接觸並充分表達這些核心情緒，對兒童的幫助更大。

在進行「選情緒、說情緒」過程中搭配「情緒量尺」，宜以前述有關「選情緒、說情緒」執行具體過程為主，在此補充說明何時可以將「情緒量尺」活動帶進「選情緒、說情緒」的過程中。

準備

治療師要先製作一張「情緒量尺」，可以製作的像一把尺一樣，也可以面積比較大，讓兒童將情緒臉譜放到該量尺刻度上。總之，就是要有0-10的量尺刻度，每個刻度之間也要考慮適當的距離，以利擺放情緒臉譜。

執行

「情緒量尺」活動基本上是搭配「選情緒、說情緒」活動，治療師可以在第三步驟「進一步探索」時，增加情緒「情緒量尺」活動。亦即詢問兒童這情緒所伴隨的想法、觀點或詮釋為何之外，增加一個量尺化情緒的

活動。

「小明，剛才你也分享了為什麼會覺得難過、生氣、不公平、孤單和懷疑的心情！」

「現在老師要請你再感覺一下，這些不同的情緒的強度有多強？」

「你看，這裡有一個情緒量尺，上面有0-10的刻度，你覺得這些情緒的強度是幾分，就把那個情緒臉譜放到那個分數刻度上！分數越高表示越強烈！」

「喔，你的生氣、不公平都有9分、難過是8分，孤單有6分……」

因為情緒量尺化之後已經算是非常具體，所以不必詢問兒童為什麼給幾分的問題。

後續的撫育式反應及結束，或過程中治療師的反映可以參酌「選情緒、說情緒」執行過程說明。

(五)「情緒臉譜」延伸運用：「情緒人像圖」

當你生氣、難過、悲傷、委屈、無奈……時，你可曾想過這些不同的情緒會反應在身體的哪裡？很多人都以為情緒都是從心裡面出來的，其實情緒跟身體是有很多的連結，經常一個人有不同情緒的時候，他會在身體的不同地方有所反應，有些人一難過就會肚子痛，有些人則是頭痛，可見情緒跟身體是有很密切相關聯的。

筆者的實務經驗中，面對一些受到虐待兒童。發現他們身體上總是會有些病痛，所以，我深信情緒跟身體的某部位有密切關聯，不同的情緒會在身體的不同部位特別有感受或感覺，不同的人也會在不同的部位有反應。

例如，治療師引導一名目睹家暴的兒童，詢問他在目睹爸爸打媽媽

的過程時，心中有哪些的情緒？這個兒童就選出了生氣、難過、害怕、憤怒和擔心等等情緒。治療師再進一步詢問兒童：「你的生氣會是在身體的哪裡呢？」兒童仔細地想了一下，他回答他的生氣是在他的雙手，同時又指出他的「害怕」在他的雙腳，他描述說：「目睹爸爸打媽媽的時候，我其實很想反擊父親，所以我的雙手充滿了生氣與憤怒。我的害怕則是在雙腳，因為在目睹的同時，我也怕得想跑走。」這樣的一個覺察自己不同情緒在身體不同部位的過程，也讓治療師及兒童看到其內在的衝突跟矛盾。而且也深刻的引導兒童覺察到這些情緒對他的影響。

　　這也難怪為什麼會有人經常抱怨自己頭痛、肚子痛，我想可能都跟他壓抑著很多情緒有關。筆者過去多年結構式遊戲治療實務中，當面對一些有創傷或有情緒困擾的兒童，在引導兒童運用情緒臉譜選出他在某個事件中的情緒之外，也會事先畫好一個人像圖，然後利用這張人像圖，邀請兒童去感受一下他選出來的情緒，分別在身體的哪個部位。

　　建議治療師運用「情緒人像圖」活動，搭配「選情緒、說情緒」，筆者多年的實務經驗發現，這兩個活動的組合可以產生非常大的治療效果，非常推薦及鼓勵治療師在充分準備好之後，把握機會運用在兒童，尤其是創傷兒童身上。

　　在此也補充說明如何將「情緒人像圖」活動帶進「選情緒、說情緒」的過程中。

準備

　　治療師先前在A4大小白紙上畫下一個人形，臉部部分僅需畫輪廓即可，不必畫出五官的樣態，在進行此活動時再由兒童畫出五官表情。

執行

　　「情緒人像圖」活動要能產生治療效果，一樣要搭配「選情緒、說

情緒」活動，治療師可以在第三步驟「進一步探索」時，加入「情緒人像圖」活動。因爲感受各種情緒在身體哪個部位過程是一個很深刻的體驗，因此，在兒童將情緒擺放在身體不同部位之後，鼓勵治療師邀請兒童分享理由。

1. 「情緒人像圖」之選身體情緒

當兒童選好情緒，治療師也做了適當反映之後。此時，治療師就可以將事先已經畫好的人像圖拿出來，邀請兒童覺察不同的情緒分別在身體的哪個部位。

「小明，老師看你選出了生氣、難過、害怕、憤怒和擔心等情緒。」

「小明，你看老師這邊有一張人像圖，老師要邀請你試著去感覺一下，這些情緒可能在身體的哪個部位，你就把情緒放在那個部位。」

「不同的情緒可能會在身體不同的部位，當然有些部位可能會有多種情緒，這是可以的。」

2. 「情緒人像圖」之身體情緒分享表達

當兒童將情緒擺放到身體不同部位之後，邀請兒童分享爲何在身體的那些部位會有這樣的情緒。

「小明，老師看到你的生氣和憤怒都在雙手，你說說看生氣和憤怒爲什麼都在手上呢？」

「難過在心上，是怎樣呢？」

「每次看到爸爸打媽媽時，我就生氣得想過去幫媽媽打爸爸，所以，我的生氣在雙手。」

「可是我也好害怕，所以，兩隻腳在顫抖……。」

　　當兒童深度表達身體各部位的情緒之後，治療師就可以進行「撫育式反映」和「結束與統整」。

　　「小明，來！老師這邊有一盒能量語句，你為自己選一張。」

　　「小綠綠你聽了小明的分享之後，你想送一張變身水給小明喔！」

　　「原來你知道小明希望爸爸能變回以前那個不會打人的爸爸。」

　　「剛開始，老師邀請你選爸爸媽媽吵架時的心情，你還有點不願意，但後來你勇敢地選出生氣、難過、害怕等情緒，還告訴老師及小綠綠，你的生氣在雙手，害怕在腳上，最後你為自己選了隱形斗篷，因為你不想讓爸爸找到你，……老師和小綠綠選了變身水給你，因為我們知道你希望能將爸爸變回以前那個不打人的爸爸。」

　　總之，治療師運用情緒臉譜引導兒童情緒的覺察與表達，就是很具治療效果的過程，若能夠再增加「情緒人像圖」的運用，引導兒童更精緻且深入的覺察與表達，是一個非常簡單卻有意想不到效果的方法，鼓勵大家多多運用。

二、繪本DIY及搭配能量圖卡的策略遊戲

(一) 基本理念

　　生命因故事而美麗，每個人的生命中其實都有很多美麗的故事。一段美麗的生命故事可以帶給人很多的啟發與領悟。兒童年齡還小，相對起來，他們的生命尚未像大人般如此豐富，但兒童喜歡聽故事、講故事、編故事，我們也可以運用美麗的故事讓兒童有所領悟、有所啟發。因此，應用繪本故事來跟兒童工作是一件很美麗的過程，也很能滿足兒童親密的心理需求。

繪本不只是故事，繪本本身就具有很多的療效元素。

1. 正向吸引效果：繪本之所以具有啟發跟領悟的效果，是因為繪本本身就充滿美感，美麗的插圖能引人矚目，讓人看得賞心悅目，一幅觸動人心的插圖勝過我們的千言萬語，勝過千百個道理。閱讀繪本也是一個正向且受鼓勵的活動，因此也具有「去問題化」的效果，我們就是在閱讀繪本、欣賞繪本、分享閱讀後心得體會，不是在討論兒童的問題或不當行為。

2. 隱喻的效果：繪本經常都有很多隱喻的文字與插圖。因為隱喻更能夠接近一個人的生命核心，接觸到內在的創傷，或是喚醒內在沉睡充滿能量的力量。因為隱喻使得即使是同樣一本繪本、同樣的一幅插圖，因為每個人不同的生命經驗，而有不同的領悟與體會。

3. 親與疏的正向轉變機制：前述介紹結構式遊戲治療的正向轉變機制時，也介紹了親疏的轉變機制。運用閱讀繪本於兒童時，也很能產生親疏的正向轉變機制。當我們選擇的繪本主題跟兒童的議題相關時，透過閱讀繪本過程，可能會跟兒童不愉快的、受傷的生命經驗有所接觸與連結，但因為我們看的是繪本，描述的是文本中的主角所遭遇、發生的事情，並不是在討論兒童的問題或遭遇，也就能夠讓兒童保持一個距離，沒有那麼大的壓力或不那麼的痛。這就是「疏」的機制在運作而有的效果。這個「疏」的機制，使得治療師可以引導兒童針對其議題或問題做更豐厚的描述。

又當繪本的內容有正向轉折，或是治療師引導兒童對某議題或問題有了新的領悟、新的看法或新的發現，或是引導兒童給繪本主角一些正向的鼓勵與支持，上述這樣的做法看似焦點在繪本的內容或主角身上，其實這些正向的轉變、鼓勵與支持，也同時發生在兒童身上，亦即這樣的做法也能讓兒童產生正向的力量與轉變，而這樣的過程就就

是「親」的機制在運作，在產生治療效果。

4. 實際行動提升自主，促進正向轉變：當治療師面對容易焦慮、擔心、緊張害怕或者是退縮、過於拘謹的兒童時，治療師就可以應用這本繪本講述給兒童聽，透過繪本接觸兒童內在的負向情緒，也讓兒童表達他的情緒。當然，我們可以邀請兒童根據繪本的內容實際行動，例如，《傻比傻利》繪本中，主角比利爲了克服自己的煩惱，製作了很多煩惱娃娃。因此。當講完這本繪本之後，治療師就可以邀請兒童像比利一樣，做一個屬於他自己的「煩惱娃娃」，再做幾個「煩惱娃娃」的「煩惱娃娃」。

(二) 實務運用

　　繪本在實務用上非常廣泛，治療師可以單就繪本進行策略遊戲，但更多時候搭配其他策略遊戲一起進行，進而產牛相得益彰的效果。

1. 搭配「情緒臉譜」活動

　　以下就來介紹幾種在遊戲治療實務中，經常用來搭配繪本的情緒臉譜的活動。

・引導兒童表達繪本故事中的主要人物情緒，除了可以協助兒童認識情緒、覺察自己的情緒之外，也具有協助兒童淨化、紓解情緒的效果，進而達到學習管理自己情緒的目標，例如《我變成一隻噴火龍》、《生氣湯》等，而這樣的過程，若能搭配情緒臉譜則更有效果。

・再來就是兒童的創傷、不愉快經驗等所帶來的情緒，有時候很難用口語表達出來。我們就可以應用與兒童的生活或生命類似主題的繪本，透過這種相同主題的繪本跟兒童內在經驗有所連結與接觸。

　　治療師講繪本的過程中，當講到某些情節跟兒童創傷經驗有所連結與相關時，我們會停在那邊，讓兒童感受與接觸，然後可以詢問兒童故事人物的情緒有哪些？若在這連結與接觸之際，治療師搭配情緒臉譜

的運用，則可以讓兒童產生更深度、深刻的連結與接觸。

又這樣的創傷事件所引發的情緒都不只一種，而是很複雜且有可能是衝突矛盾的情緒，所以這時候就要善用情緒臉譜來引導兒童表達故事人物的情緒。這是一種「疏」的機制應用，因為不是要兒童直接講他的情緒，而是要他講故事人物的情緒。又因為有情緒臉譜的協助，兒童更容易且充分地表達更多深層核心的情緒。帶兒童充分地表達故事人物的情緒，就是一種非常非常具有治療效果的過程。

2. 搭配「一句話書籤」活動

繪本裡面有些觸動兒童的語句，或是治療師特別覺得能幫助到兒童的一句話，都可能讓兒童得到新的領悟或洞察。

在實務操作上，可以在講完繪本之後，詢問兒童如果可以重新閱讀，但只能閱讀其中的某一個段落和某一頁時，兒童會想要重新閱讀哪一頁？或者詢問兒童當繪本蓋起來時，印象最深刻或還記住的是哪一頁？或是哪一句話？兒童印象深刻的一句話、一個內容或一個圖片都是極具意義的。

也可以繼續邀請兒童說說是什麼讓他對這一句話、這張圖片如此印象深刻？從兒童的描述過程，可以得到更多新的發現跟理解。

最後，治療師以可以分享自己最想讓兒童知道或領悟到的一句話是什麼。因當治療師選某本繪本時，治療師的起心動念、動機和想傳遞給兒童的概念、價值觀都可以運用此方法傳遞給兒童。讓兒童接受到一些新的觀念、新的信念或新的價值觀，這比我們直接的提醒和告知更具效果跟影響。

上述這些「一句話」都是繪本文字，很適合搭配本書前述「一句話書籤」活動一起進行。

3. 搭配「能量圖卡」或「能量語句」

治療師陪兒童讀繪本的過程中，也很鼓勵應用能量語句或能量圖卡

來搭配進行，能產生不同效果。能量語句上面寫的是正向文字，如「雖然我曾做錯過事，但我仍值得被愛」、「不需要跟別人比較，我就是我自己」，而能量圖卡則是一些圖片如「超人」、「盾牌」、「拍手」等。

能量語句則比較具有激勵的效果。在講繪本過程中，主角人物面對挑戰、挫折或困境時，我們經常會引導兒童選一張或幾張能量語句送給這位主角人物。若繪本中的主角人物跟兒童的生命經驗類似時，這樣的能量語句就很有自我療癒的力量，兒童把能量語句送給主角人物，其實也就是在送給自己，這種自我肯定或是自我鼓勵的方式極具正向療效。

當然，治療師也同樣可以送給主角人物一張能量語句，同時說明理由，這樣的過程具有激勵、肯定提升兒童自信的效果，同時也具有更進一步建立關係的效果。

送能量語句的方式也可以改成送能量圖卡，更能反映或投射一個人內在的渴望、需求或期待。所以兒童選出來給主角人物的能量圖卡，其實也可能就是兒童自身內在的需求、渴望或期待，兒童的問題行為或情緒經常就是這些需求、渴望或期待沒得到接納、滿足，因此，透過這樣的活動過程，治療師可以更了解兒童的內在需求，也對其問題行為或情緒的真正原因有所了解。例如將此活動運用在目睹家暴的兒童身上，他們經常會為主角人物選「盾牌」、「隱形斗蓬」、「堡壘」……等，「盾牌」可以保護自己；「隱形斗蓬」可以躲起來，不被發現；「堡壘」是一個安全地方，可以保護自己。總之，都是希望有一個安全的地方或物件，保護自己不被傷害。因此，在講述繪本的過程，治療師可以邀請兒童進行此活動。

「如果有天使要送給故事裡的○○（主角人物）禮物，你想小天使會送哪三個禮物？」

「你猜○○（主角人物）想向小天使要哪三個禮物呢？」

這些都非常能夠接觸到兒童內在的渴望跟期待的。

4. 搭配繪本主題進行DIY創作

有很多繪本故事中的內容、活動或某個物件，是可以在生活中實際操作、執行或創作出來的。若治療師可以陪著兒童一起去操作、執行或創作這些作品，會很具療效！例如《媽媽心媽媽樹》繪本裡面，描述小蘋果第一次上學，好想媽媽、希望媽媽陪他去學校。於是媽媽就用布做一個愛心，然後送給小蘋果說：「這個就是媽媽心，看到它就像看到媽媽一樣。」「你到學校時，把它掛在窗戶旁邊的樹上，當你想媽媽時就看著那個媽媽心，就會像媽媽陪在你身邊一樣。」

當治療師陪著兒童講完這本繪本時，就可以邀請兒童一起來做一個媽媽心，此時治療師和兒童一起動手DIY完成的「媽媽心」也就有很多的象徵與連結。

另一本繪本《傻比傻利》，描述一個叫比利的小男生，總是在擔心、害怕和焦慮，每天都很苦惱，不知道該怎麼安心生活？雖然他的爸媽都鼓勵他、安慰他，也告訴他不用擔心，但他還是很容易擔心、焦慮。直到有一天，他的外婆跟比利說：「我以前也跟你一樣，很容易擔心焦慮，但自從外婆有了這個神奇的禮物之後，就再也不煩惱與擔心了，今天，外婆也要把這個禮物送給你。」然後，外婆就送給了比利一個禮物：煩惱娃娃，外婆跟比利說：「有了這個煩惱娃娃之後，它會把你的煩惱拿過去，你就沒有煩惱了。」

果然，比利有了煩惱娃娃之後就可以一覺到天亮，不再因為煩惱擔心而睡不好。比利好開心，覺得從來就沒有這樣輕鬆與開心過。

但一段時間之後，比利又開始煩惱了，為什麼呢？因為比利開始擔心這個煩惱娃娃拿走自己這麼多的煩惱之後，它該怎麼辦啊？

後來，比利決定去做一件事，他花了一整天的時間，過程中還失敗好

幾次，不過，最後比利終於成功了。原來比利又為煩惱娃娃做了很多很多個煩惱娃娃，從此，每個煩惱娃娃都有自己的煩惱娃娃，大家都不必再煩惱了。

當我們面對容易焦慮、擔心、緊張害怕或者是退縮、過於拘謹的兒童，治療師就可以講述這本繪本，透過繪本接觸兒童內在的負向情緒，也讓兒童表達他的情緒。當然，我們就可以邀請兒童像比利一樣來做一個屬於他的「煩惱娃娃」，再做幾個「煩惱娃娃」的「煩惱娃娃」。

這樣的一個過程能產生幾個很重要的治療元素。

第一個就是透過繪本接觸到兒童負向的情緒，也透過繪本引導兒童充分的把他內在的焦慮、緊張、擔心等負面情緒表達出來。這個過程也可以搭配情緒臉譜的應用，協助兒童更充分地表達。

第二個就是讓兒童以實際行動來面對及處理自己的擔心、煩惱等情緒，這樣的過程可以讓兒童從內在產生力量與信心。就以《傻比傻利》為例，治療師在事前就先準備好一些做煩惱娃娃的材料，通常可以準備冰棒棍和細鐵絲來做軀體的骨架，然後用不同顏色毛線來纏繞成型，再黏上眼珠就完成了一個煩惱娃娃。這個煩惱娃娃做成之後，可以邀請兒童為這個煩惱娃娃命名，然後把它收藏好。整個過程可以讓兒童展現能力，也可以滋長自信與力量，會是一個很具正向療效的過程。

第三個就是我們也可以邀請兒童創作不同的煩惱娃娃，或是再做一個「開心娃娃」、「快樂娃娃」、「微笑娃娃」……等。讓兒童可以把他的煩惱告訴這個煩惱娃娃，然後也可以把開心的事情告訴「開心娃娃」，讓「開心娃娃」陪伴「煩惱娃娃」。

總之，面對兒童的情緒，透過情緒臉譜、繪本引導兒童覺察、表達他的情緒，再以一些具體行動來轉折或改變這引起情緒的事件內容或觀點，都會很具治療效果。

(三)「繪本DIY及搭配能量圖卡」活動執行具體過程

前述介紹了幾個繪本搭配的活動中,「一句話書籤」活動、「情緒臉譜」活動已分別在不同章節詳細介紹,以下就介紹繪本DIY及搭配能量圖卡的實務過程。

準備

治療師執行繪本策略遊戲時,通常都會選擇與兒童議題或問題相同及相關的繪本。這樣更容易接觸到兒童的議題,進而促進轉變。因此,能事先找到一本適合兒童議題、年齡、認知發展的繪本是整個活動成功的重要關鍵。

再則就是要準備好「能量語句」、「能量圖卡」或創作作品所需要的材料。有時創作的作品比較複雜或困難度比較高時,治療師可能要事先做好半成品,以利能夠在遊戲單元時間內完成創作。

執行

1. 邀請

治療師邀請閱讀事先準備好的繪本。當閱讀完畢之後,就邀請兒童為繪本的主角人物選「能量語句」或「能量圖卡」或進行創作。

「小明,我們讀完這本煩惱娃娃繪本了!」

「比利現在有很多煩惱娃娃陪他了,我想他應該是或越來越開心了!」

「老師還是想邀請你,如果要送一句話(一張圖卡)給比利,你會選哪一張送給他?」(治療師邊講邊拿出能量語句或能量圖卡)

「小明,老師要邀請你也一起來做一個煩惱娃娃,讓它也可以陪著你,你就不會有那麼多煩惱了!」

「老師這邊已經準備好材料了，你把這些組合在一起，就可以做出一個你的煩惱娃娃了！」

2. 反映

當兒童開始選能量圖卡（能量語句）或開始創作時，治療師就在旁邊專注地跟隨與反映。

「小明，你把煩惱娃娃的身體與頭部連結起來了！」

「很仔細、慢慢的組合，嗯！你用白膠將他們黏起來了！」

「你認真的選了一張圖卡喔！」

「嗯，你決定選這一張！」

3. 分享與命名

若是進行能量圖卡（能量語句）的選擇，則邀請兒童分享為何選擇這張能量圖卡（能量語句）；兒童完成創作作品後，則可以邀請兒童為其作品命名。

「小明，你選了『我可以做得更好』卡片送給主角比利，要不要說說為什麼送這張給他？」

「喔！好特別！你要送一個『時光機』給比利，是什麼原因，你要送他時光機？」

「好，你完成你的煩惱娃娃了！」

「嗯，我們一起看看！好！請你為它取個名字，從此你就是它的主人。」

「喔，叫小可愛。」

「喔，太好了，以後小可愛就會分擔你的煩惱，你有煩惱都可以告訴小可愛喔！」

4. 拍照結束

因為此活動會有具體的卡片與作品，因此建議治療師幫兒童與卡片或其創作作品拍照，然後結束這個活動。

「來，小明你拿起你選給比利的卡片和這本繪本，老師幫你拍照！」

「嗯，小明會拿起你的小可愛煩惱娃娃，老師幫你們一起拍照，然後你就可以帶著煩惱娃娃回家了！」

三、沙及沙盤在結構式遊戲治療上的妙用

(一) 基本理念

遊戲治療室也經常會擺放沙盤或沙箱，裡面的沙子還會有乾沙和溼沙，其中溼沙能夠塑形、雕塑。因為沙子本身就很具變化性，沒有具體的形狀架構，可以讓兒童無拘無束、自由自在地玩跟表達，他們可以將沙子堆在一起成高山、堡壘、城堡等，可以輕易地將玩具物件擺到沙子上而不會倒，沙子可以用來藏東西、埋東西，也可以將沙推開成為陸地，也可以界線區隔成兩過或多個不同的世界等等。

在筆者的實務經驗中，發現幾乎每位到遊戲室的兒童都會玩沙。且因為上述的沙子特性，都使得僅僅只是「玩沙」也會產生很多治療效果，筆者將其歸納如下；

1. 有些兒童很喜歡把小物件埋或藏在沙子裡，他們可能是在表達或投射那種躲避、隱藏、失而復得、死亡復活……的內在動力，而這個過程

會讓兒童更有安全感與掌控感,且能樂在其中地享受。

2. 當我們面對一件讓人極為痛苦、難過、憤怒等強烈情緒的事件時,有時我們會壓抑這些情緒,或基於某些原因而不能或不敢表達出來。此時,這些情緒被壓抑著或卡在某個地方沒有辦法流動時,就會有情緒困擾,進而影響身心狀態、人際互動。面對這樣的兒童時,若能去接觸或促進他們情緒的表露或流動,就很具有治療效果。

而沙子即很具有促進情緒流動的功能,試著用手握著一把很細很細的沙,當這一把細沙從你的指縫流瀉下去時,能讓一個人壓抑的情緒情感自然地流動起來。舉一個實例作說明,一個媽媽剛過世不久的十歲小女孩,面對媽媽的離去一直表現得很冷靜,但她的睡眠、飲食、專注力及情緒陸續出現不適應的狀況,她第一次進到遊戲室就直接走到沙盤旁邊,先是輕輕地摸著沙子,然後抓起一把沙,將手舉高再讓沙子從她手的指縫間流瀉下去,接下來再抓另一把沙,同樣讓沙子從手的指縫間流瀉,重複做了幾次之後,我看到她眼眶開始泛著眼淚,慢慢地哭了起來,一邊掉著眼淚一邊還是抓起一把沙,一直一直地重複讓沙子從指縫間流瀉下去,如此進行至少有20分鐘。由此可知,沙子具有催化人情緒流動的功能。

3. 沙盤還有另外一個類似畫圖的功能,兒童可以用我們準備的物件在沙盤上擺放、創作,就好像畫圖所畫出來的作品,治療師可以透過引導來了解兒童作品中所要傳達的意識、想法,經常會在兒童描述詮釋作品的過程中得到新的領悟!

有時候很難透過紙筆,把真正想要傳達的感受完整地畫出來。相比之下,沙盤只是擺放選擇的物件,且因為有沙子也更容易將物件擺好擺正,由此可知,沙盤的創作就輕鬆與容易多了。

再來就是沙盤擺設的過程,會產生立即視覺上的反饋,也就是說兒童

可以一邊擺設一邊看到自己擺設上去的物件，這些物件的位置、方向、角度、大小、遠近等等都立即的反饋兒童，讓兒童去感受這是不是他所想要表達的。亦即，兒童在擺放物件的過程，其實都一直是在接觸、體驗這些沙盤物件及畫面給他的感受，甚至兒童都已經擺放好物件，但當他在描述沙盤作品時，可能還會有新的感受或領悟，也就再次地調整物件的位置、新增或移除某些物件。

就是這樣的一個輕鬆擺放過程，調整物件、描述作品內容等，讓兒童能深度地接觸、體驗到其內在，且創作過程完全是自主掌控，又能創造出獨一無二的作品，讓這樣的沙盤擺設過程極具治療效果。

(二) 實務運用

上述三點說明可以得知，由於「沙子」本身的特性，很能吸引兒童自發地去玩沙。當然，治療師也可以主動邀請兒童運用物件進行擺盤的活動。

沙子在結構式遊戲治療實務上的應用通常有兩種做法。第一種就是類似沙遊治療般，製作一個有固定長寬高的沙盤擺放沙子，第二種就是製作一個大尺寸的沙箱，要大到容許孩子爬進去在裡面玩沙，當然這樣子的沙箱所需要的沙子相對比較多，所需要的空間也比較大，因此大的遊戲室空間比較適宜，不過如果能夠擺放這麼大的沙箱，一定能超吸引兒童。再者，要準備很細很細的白沙為宜，坊間有一些貝殼沙摸起來很粗糙，就沒有辦法達到透過孩子與沙的接觸過程，促進其情緒感受流動的效果。

據筆者的實務經驗，在遊戲治療過程中，兒童或多或少的都會主去玩沙或擺沙盤。此時，治療師就是跟隨地反應即可，若治療師感受到兒童在擺設或玩沙過程跟他的個人議題有所接觸，則可以根據其議題做出回應。例如有悲傷失落經驗的兒童，在玩沙的過程接觸到他的悲傷失落情緒，治療師當然可以做情感反映、撫育滋養活動的介入或是應用鏡射技巧幫兒童

發聲……等。又好比當兒童在沙盤中玩躲藏的遊戲過程，接觸到與安全感、保護有關的議題時，治療師就可以根據其擺盤過程及內容，特別針對安全感的需求或被保護的需求給出反應。

「每個出入口都有2個警衛看守，這樣在這房子裡面的人就安全了！不怕有壞人闖進來！」

有些兒童則是在玩沙、擺盤的過程，展現出他的自主需求或能力，此時，治療師完全的接納、提供自由，搭配提升自尊或見證技巧的應用，就可以滿足兒童的需求而產生治療的效果。

有些兒童玩沙、擺盤的過程，其實就是在跟治療師連結、互動，他會邀請治療師一起玩。例如要求治療師閉上眼睛，然後將物件埋藏在沙中，再要求治療師找出來。

總之，沙與沙盤是非常好的媒材，當兒童開始自發地玩起沙與沙盤時，不管是接觸到其議題、展現能力、與治療師連結或其他，治療師就是跟隨及適當的反應，都會有很好的療效。

另外就是治療師有意圖的邀請孩子擺沙盤作品，例如邀請兒童擺設動物家庭、動物學校等有主題的創作。這樣的邀請當然是有意圖地想要了解兒童怎麼看待家人及家人間的互動狀況，或是怎麼看待同學、老師及與他們的互動狀態。

這過程中，兒童是以哪些動物來象徵爸爸、媽媽，以及各個動物間的距離、位置、方向等，其實都具有意義，可以幫治療師更了解兒童與家人間的互動及關係。例如孩子選了獅子爸爸、綿羊媽媽、猴子弟弟、老虎哥哥，又把獅子爸爸擺在最高的位置，老虎哥哥追著猴子弟弟，綿羊媽媽則默默的低頭做事情，這樣的一個作品就很有故事，當兒童擺設好了之後，

再邀請兒童介紹其作品，同時適當地引導兒童更具體的描述，不僅能幫忙治療師更了解兒童，整個過程也是很有療效的。

(三)「玩沙」活動執行具體過程

準備

治療師將動物布偶呈現在兒童面前或是全部擺設在固定玩具櫃中。除了動物布偶之外，其他各種如樹木、小山丘、石頭等自然景觀之物件亦有需要，建議動物布偶至少30種比較恰當，且同一種動物布偶最好有大、小二種造型，再則就是要盡量包括代表不同個性的動物種類。

執行

1. 邀請

邀請兒童利用治療師準備好的動物布偶來擺設動物家庭，用各種動物來代表該家庭中的每個人，然後加以擺設：動物間的大小、方向、位置都由兒童自己決定。

「小明，現在我要請你用這些動物布偶和其他物件，來擺設一個動物家庭，你可以根據每個人的個性、脾氣選定不同的動物，再以他們彼此的關係來決定位置和距離。」

2. 反映

擺設動物家庭活動過程的初期，適當的反應與鼓勵有助於兒童的投入。因此，兒童在擺設時，建議治療師在不干擾兒童的前提下適度做出反應。實務上經常會用到的技巧如下：

(1) 追蹤描述行為

「你很仔細地想要擺在哪裡。」

「小明好認真的在思考要選用哪些動物。」

「我看到你選了一隻長頸鹿。」

「你將那隻獅子放到最遠的地方。」

(2) 情感反映

「好像有點緊張，不知道要怎麼開始？」

「跳著到玩具櫃找動物布偶，你好像很開心喔！」

(3) 反映意圖

「在想喔，好像還不知道要選哪一個動物？」

「你在想要放在哪個位置？」

(4) 提供自由、促進做決定

「眼睛看著我，好像在思考可不可以選這個動物。」

「在這邊你自己都可以決定的。」

(5) 語助詞

也可以應用語助詞，因為能讓孩子感受治療師的專注、接納，卻又不會干擾孩子。

(6) 布偶客體的連結、見證

「小明，小可愛也想過來這邊看你擺設喔！」（治療師拿著布偶客體對兒童說）

「小可愛你看，小明用了獅子、老虎和小白兔擺了一個動物家庭，他

們有一間很大的房子……」

3. 分享

　　擺設動物家庭活動的一個特色及優點就是，當兒童擺設完之後，其實就已經告訴治療師很多他如何看待家人間的親疏關係及這個家庭的動力，但這些訊息是比較隱喻、象徵的；若能再引導兒童描述其所擺設的動物家庭，那更有可能蒐集到更豐富且明確的資料。

　　茲將邀請兒童擺設好動物家庭之後，治療師引導兒童分享的過程介紹如下：

(1) 破題

　　在擺設完動物家庭之後，在邀請兒童描述之前，治療師先針對兒童的擺設做一具體的描述，這樣的過程是在表達治療師對其作品的接納及興趣，然後就直接邀請兒童來介紹其擺設。

　　「小明，我看到你擺了獅子、老虎、小白兔，另外還有一隻獅子在外面，現在請你介紹一下你擺的動物家庭。」

(2) 開放性引導句

　　這樣的引導句其實適用在各種不同的結構式遊戲治療診斷遊戲，因為在邀請兒童表達之初，兒童的描述通常都是比較簡單、單薄的內容，此時就可以運用「然後呢？」「還有呢？」「接下來……」「所以……」等這類的引導句，來促進兒童多講一些。

(3) 基本跟隨反應

治療師針對兒童在描述動物家庭時，反應兒童當下的行為表現、內在心情、想法、意圖及統整故事之核心議題，也就是運用各種自由遊戲所教導的基本技巧。前述促進階段是針對兒童擺設過程做出反應，此時是針對兒童描述動物家庭的當下做反應，但都是運用自由遊戲的一些基本技巧。

「喔！外面的獅子是爸爸，他在外面守護著這個家。」

「喔！小白兔最開心的就是老虎媽媽不要上班，可以在家陪小白兔。」

「獅子爸爸生氣就會和老虎媽媽吵架，老虎媽媽就會跑出去。」

(4) 動物特質深入探索

將焦點放在動物家族家人間的互動型態、兒童對這些人的主觀形容及心情。為了充分且比較容易地收集到這些資料，會建議優先運用「情緒臉譜」，讓兒童依序選出每個動物家人的情緒，然後引導兒童講出伴隨著這些情緒的想法，這些情緒、想法的分享內容經常和其他家人的互動有關，如此就可以很輕鬆且自然地收集到豐富的資料。

・動物心情

「這個時候每個動物家人的心情是什麼呢？你可以用情緒臉譜來說，每個人可以選三種情緒。」

「長頸鹿哥哥有生氣的情緒，什麼事讓他生氣呢？」

・動物特性

「小白兔是這個家庭的妹妹，你可不可以講講你選小白兔當妹妹的原因？」

「我看獅子是爸爸，是因爲爸爸像獅子，很……」

(5) 動物間的互動

　　這是很值得治療師蒐集的資料，但很多初學者不曉得該怎麼詢問與蒐集，這邊提出三個主軸方向。

　　・次系統間的結盟情形

　　「小明，你可不可以說說看誰跟誰最親密，誰又最怕誰？誰最喜歡誰？」

　　「我看到獅子爸爸一個人在遠遠的左上角，綿羊媽媽和小白兔妹妹在一起，小狗哥哥一個人在另一邊玩。」

　　「而且小狗哥哥經常在生氣，因爲綿羊媽媽都陪小白兔妹妹！」

　　・面對兒童的問題行爲出現時，家人間的反應或因應方式

　　「當小狗哥哥又吵著不肯去上學時，獅子爸爸會怎樣？」

　　「小狗哥哥又鬧情緒打小白兔妹妹時，綿羊媽媽會怎樣？」

　　・此家庭平時可能的互動樣態

　　「小明，他們全家人最常做的事情是什麼？」

4. 轉折

　　筆者認爲轉折階段是擺設動物家庭活動最爲重要的一個階段。不管兒童的問題及背景爲何，都很鼓勵治療師邀請兒童進行轉折的活動，可以讓兒童實際操作，有非常具體、具象的效果，進而開啟兒童新體驗、新的視野、新的領悟，很具正向治療效果。接下來就介紹幾種操作方式。

・重新調整彼此位置

引導兒童針對其原先擺設好的動物家庭做一些位置、距離、面向等的調整。

「小明，如果可以改變這些動物的位置、方向，你會做怎樣的改變？」

「如果可以，你會希望這個家庭可以有什麼不一樣？」

「如果可以，你希望把獅子爸爸改放到哪裡？」

・改變動物家庭的家人

引導兒童增加或減少某個或某些人物。亦即可以讓兒童做改變，或擺出期待的動物家庭的成員有哪些。

「小明，如果可以增加或拿掉某些動物，你會做怎樣的改變？」

・送家族每個人物一個禮物（能量語句、能量圖卡）

「小明，如果要送每個人一個禮物，從這個能量圖卡來選，你會送他們什麼樣的禮物？」

「你最想跟這個小白兔哥哥說什麼？」（若小白兔是兒童的投射）

「如果要給這個動物家庭一個禮物，你會想送什麼？」

5. 結束

最後，治療師將整個過程作一簡單的摘要，請兒童為此家庭取一個名字，讓兒童與動物們相互感謝、握手、擁抱……，然後拍照，就可以結束

此活動。

(四) 促進情緒流動的延伸應用：栽種種子活動

　　人在被照顧與照顧別人的過程中成長，「愛」與「被愛」的表現都是人類成長所需要，我們也常透過「愛」寵物、照顧植物、收藏物品等過程，滿足內心的缺憾或內心的創傷。因此筆者建議除了類似「猜束口袋食物」的滋養活動之外，也可以針對渴望親密類型的兒童加入「栽種種子」活動，這絕不是一個任意而行的過程，而是需要耐心、愛心及注意許多環境條件，兒童在栽種過程中可以得到至少兩個助益：第一個是讓兒童體驗到被照顧及照顧別人的感受，進而也能在心中孕育出滋養的正向情感。第二個則是從栽種及照顧的過程中得到成就感，進而培養兒童接受規範的負責任態度。

　　筆者認為治療師陪著兒童進行此類性質的活動很有價值。在此介紹栽種種子活動的實例。

準備

　　事前準備的材料：種子（刻有文字的種子尤佳）、栽種的瓶子。

執行

1. 選好種子、栽種器材

　　建議容易栽種及成長期短的種子。下面圖片中的種子，刻有文字「一帆風順」，若在選取種子的時候能找到有文字的種子，則又透過文字象徵著各種含意，在運用過程更增加趣味及隱喻的功能。

　　至於栽種器材的選擇，筆者建議選擇透明可觀察，並能以奇異筆在器材上書寫文字、日期的器材，如透明瓶子。

2. 運用種子上的文字，或是治療師自行建構一個隱喻、故事的象徵。以下舉一個實際運用「愛的種子」隱喻故事來搭配栽種種子活動的例子。

愛的種子

　　好久好久以來，這顆種子一直被忽略的放在房間的角落裡，都沒有人注意到它，它身上沾滿了灰塵、布滿了蜘蛛網。

　　直到有一天，小明發現了它，將它身上的灰塵及蜘蛛網擦拭乾淨。

　　「哇，一顆漂亮的種子，不曉得它會長成什麼樣子？」小明心想。

　　於是小明將它放在一個透明玻璃瓶中。

　　每天早上上學前、下午放學回家。小明都會小心翼翼的拿起裝著這顆種子的瓶子，為他澆水！

　　在小明的照顧下，它開出了一朵美麗的小花，好美好美。它不再是在角落，身上布滿灰塵、蜘蛛網的種子。小明就將這朵花取名字為「愛的種子」。

　　在講述完上述故事之後，治療師就可以邀請兒童來進行栽種種子的活

動，如同故事中的小明，每天早上上學前、下午放學後來照顧這顆種子。

3. 其他如運用現成的繪本或藝術媒材引導兒童將栽種的過程表達出來，
　　也是一個很值得運用的介入。

　　以下就是在種子發芽長出綠葉之後，邀請兒童運用黏土，創作出一株
小草的故事。

有力量的種子

　　小草本來被許多石頭瓦礫壓住，又缺乏水分（投射自己的困境），導
致它一直無法發芽成長！但經由一位愛心人士（治療師）的灌溉，這顆種
子就發芽了！它一邊吸收水分，一邊成長，雖然有很多石頭瓦礫，但它還
是勇敢的往上成長，終於長成一棵大樹了！

　　這個作品是它在成長過程的樣子，那隻手代表它很有力量也很勇敢。

4. 進行此活動前，治療師可能要評估兒童是否適合將種子帶回家，或是
　　就留在輔導室，然後每週來的時候一起爲種子澆水。

　　「小明，從這週開始，老師會將這個你種下種子的小瓶子放在輔導室
的陽台，你每天掃地時間時要來爲它澆水喔。」

　　「小明，從這週開始，你可以將種下種子的小瓶子帶回家，記得要每
天爲它澆水喔，而且下週的遊戲時間要帶來給老師看。」

分享

　　1. 鼓勵兒童爲種子命名，可以在一開始進行活動時就命名，或是發芽
　　　了、開花了再命名，也可以引導兒童一起編撰種子的故事。

「哇！種子發芽了，小明，你為它取一個名字吧！」

「小明，種子發芽了，接下來會發生怎樣的故事……」

2. 治療師就是依照這樣的過程、原則進行，活動中還是要把種子成長的過程與兒童一起拍照，這些都可以作為日後編撰遊戲小書的素材。

3. 除了栽種種子之外，養寵物也是一個可以考慮的活動，曾有兒童帶來在夜市買的小烏龜、小魚，他也很認真投入的飼養。

在進行此類活動時，治療師需先評估種子開花後的凋謝、枯萎，甚至還沒發芽、開花就已枯萎或死掉時，兒童會有何反應，會不會觸動兒童既有的議題，或是悲傷、失落的議題，治療師都要先準備好處理與因應的辦法。

第三章
結構式遊戲治療之家庭親子遊戲

　　前述章節所介紹的策略遊戲都是以治療師在遊戲室中邀請兒童參與互動的策略遊戲為主。接下來要介紹的則是親子在家庭中互動的策略遊戲，也可以說是一種家庭親子遊戲。我們都相信，如果父母在教養上有些調整或轉變，對兒童的轉變將帶來正面影響，不過很多治療師都會著重在技巧、方法上的教導，筆者多年實務經驗發現，若僅是著重在技巧方法上的教導，很多父母都停留在認知上的學習；但若能搭配實際互動體驗，則更能讓父母領悟到所教的技巧。甚至有些親子遊戲本身不大強調技巧，而是強調實踐與體驗，例如親子相互輕鬆擁抱，就不大需要什麼教養技巧，只要父母輕鬆用心的擁抱孩子，但擁抱這種動作可能已經很久沒做了。所以，結構式遊戲治療之家庭親子遊戲也是一種策略遊戲，經治療師評估之後，邀請兒童父母參與，或許在遊戲單元中會花點時間引導父母進行，但主要是讓父母回家跟孩子一起互動。這些家庭親子遊戲可以在遊戲單元教授給兒童的父母，也很鼓勵以團體的工作坊、讀書會或成長班的形式，教授給團體中的所有父母。

　　現在的家庭，孩子都生的少，又很多爸媽都認同「孩子只有一個童年」、「我們要把握孩子的童年，陪伴孩子成長」這樣的觀念，因此常見父母辭掉工作或留職停薪，為了就是要許孩子一個美麗童年、陪孩子一起成長。

　　我們每個人也都是當了爸爸、當了媽媽之後，才真正的開始學習如何當爸爸、媽媽。而今天社會結構與家庭型態的改變，基本上都是雙薪家

庭，也沒有長輩協助我們照顧孩子。即使現在的長輩很健康，多數也不再像過去五、六○年代的爸爸媽媽或爺爺奶奶願意來帶小孩。因此，多數就是送去褓姆、托嬰中心，或就是辭掉工作或留職停薪來帶孩子。

「陪孩子成長」是一個值得肯定且鼓勵的想法跟做法。但我們也常聽到很多的家長埋怨，帶孩子比上班還辛苦，的確是如此！帶孩子本來就是一件不容易的事情，因此如何許孩子「一個健康快樂美麗的童年」，這是需要學習的。

有關家庭親子遊戲可分三大部分。第一部分是家庭親子遊戲的理念依據；第二部分介紹家庭親子遊戲的陪伴技巧；第三部分則是家庭親子遊戲活動介紹。

壹、家庭親子遊戲的理念依據

一、孩子的生理、認知與情緒心理發展

孩子出生最初階段的生理發展是最快速且是相當重要的，此時的生理發展是後續認知跟情緒心理發展的基礎，為什麼這麼說呢？因為當孩子的生理發展順利、健康，將有助於認知跟情緒的發展。孩子從呱呱墜地到坊間流傳的「七坐、八爬」，其實也是他大肌肉、小肌肉到手眼協調的發展，這些若都發展得很好，就會幫助他日後的寫字、閱讀等學習，以及與人遊戲、互動的人際，以及各種活動與能力展現的自信心。在輔導實務中，常見到孩子在學習上無法專注，甚至字也沒辦法寫好寫整齊，真正的原因並不是認知、智商有問題，而是受到他的大（小）肌肉跟手眼協調的發展遲緩，或者是發展不夠好影響！因此，孩子的生理發展對於日後的認知、情緒心理發展都有重要的影響。

第二個是認知的發展。孩子會開始意識到「他」跟這個環境是不同

的，他意識到「哇，這個世界、這個環境有如此多好玩有趣的事件、物品」；當他開始「用叫聲、表情、動作來做表達自己的想法，自己的需求！雖然他還不會說話，還沒辦法用口語表達。」接下來，當他學會走路、跑步之後，他對這個周遭環境更充滿了好奇、興趣，想去探索，甚至想要測試、展示自己的能力，因此會到處摸、到處翻、到處敲等，這都是他認知、能力的發展，攸關他的學習、人際互動與自我概念的發展。

　　第三個就是情緒心理的發展，主要照顧者是否能讓孩子有足夠的安全感，是不是有滿足孩子的親密、自主心理需求，都攸關孩子情緒心理的發展，若照顧品質夠好，就可以培養出一個情緒穩定、有足夠安全感、自信的孩子，他會是一個自在、快樂、健康的孩子。但不可否認的，也有很多照顧者不了解孩子的心理需求，經常否定、拒絕、忽略孩子的心理需求，致使孩子內在充滿焦慮，憤怒或是矛盾與衝突。

二、優質的遊戲活動促進孩子的健康發展

　　上述很簡單的講了孩子生理、認知和情緒心理的發展。這三種發展其實是在照顧孩子及與孩子互動時，專注且積極回應孩子的需求過程所產生的。例如你抱著孩子開心微笑地對著他說：「來，來，寶貝叫媽媽。」就是在這很開心的親子互動過程，他也很開心地學會了叫媽媽、叫爸爸。其他如爸媽陪孩子玩遊戲、去游泳、扶著他學習走路、教他騎腳踏車、晚上睡覺陪著他講故事……等，這些都是在陪伴與互動的過程中，讓孩子感受到美好的經驗，使他在生理、認知與情緒心理上得以健康的發展。

　　因此，「許孩子一個美麗的童年」是有方法的，家庭親子遊戲就是期待爸媽能透過我們設計的遊戲、活動，以及一些簡單陪伴技巧，讓爸媽能有夠好的照顧品質。其實每位爸媽可以將陪伴小孩成長的過程，視為也好像是在陪伴小時候的自己，若你真的可以再經歷一次童年，會希望自己得

到怎樣的對待呢？各位爸媽請你們運用點想像力，想像自己回到小孩子的年紀，用孩童純真的高度與眼光來陪伴自己的孩子，那會創造許多美好的經驗。

三、家庭親子遊戲活動設計三原則

接下來介紹本書家庭親子遊戲設計的三大原則。

遊戲本來不是一件困難的事情，但由於社會結構、家庭型態的變化，再加上整個社會科技的進步，使得很多的家長不懂怎麼陪伴孩子玩遊戲跟活動。為什麼這麼說呢？因為太多家長自己都沉浸在3C產品中，導致多數家長也經常利用3C產品來陪伴孩子。又因為現在的居住環境多數在都市裡面，空間、器材的限制，使得我們的休閒娛樂都被這些3C產品本身及其衍生出來的遊戲給制約了。這對孩子的專注力、人際互動及情緒都有很負面的影響。因此，我們堅守一個原則，就是：

學齡前不讓孩子玩3C的遊戲！
學齡階段的孩子，也要避免或盡量減少使用3C產品！

依據這個原則，我們所設計的遊戲與活動都不使用3C產品。

第二個原則是根據專業的正向元素設計。我們所設計出來的遊戲活動，都是根據遊戲式教養及結構式遊戲治療中的正向元素為依據來設計。遊戲式教養及結構式遊戲治療之所以能夠協助孩子成長，培養出一個自信、自律及情緒穩定的孩子，就是因為在陪伴的過程中產生了一些所謂的正向元素，因此，我們根據這些正向元素來設計遊戲活動，當然也會產生正向的效果。

第三個原則就是簡單易行。亦即盡量不需要太多的設備、器材，有室

內也有戶外活動，畢竟我們也鼓勵家長有時候帶孩子出去走走！

　　相信也期待依據此三個原則所設計出來的遊戲活動，能夠讓孩子在你的陪伴下健康快樂的成長，也讓你的投入與陪伴能得到滿滿的收穫，更重要的是你跟孩子一起創造了一個美好的經驗，你也送給了孩子一個珍貴的禮物。

貳、家庭親子遊戲的簡要技巧

　　我們常說：「一言興邦、一言喪邦」，也有人說：「一句話可以讓你上天堂，一句話也可以讓你下地獄。」這都說明了好好說話的重要性。例如，當孩子在寫十行的作業，寫到第三行時，

若你跟他說：「哥哥你已經寫三行了，媽媽都有看到喔！」
若換成這樣說：「你怎麼慢吞吞的，寫了那麼久才寫三行！」

　　客觀的事實就是孩子寫了三行作業，但你回應的內容、方式不同，我想孩子的感受也會跟著不同。前面的那種回應「哥哥你已經寫三行了，媽媽都有看到喔！」孩子感受到的是鼓勵與肯定，而更有動機、動力繼續寫下去。後面的回應「你怎麼慢吞吞的，寫了那麼久才寫三行！」孩子會覺得被指責或嫌棄，導致他更拖拖拉拉或亂寫敷衍。

　　所以在介紹不同的陪伴遊戲活動時，我們也要介紹一些小技巧，也就是傳遞正能量的講話方式。爸媽若能夠在陪伴遊戲過程搭配這些小技巧，就可以讓你的陪伴達到一種更好的效果。以下所要介紹的都是從結構式遊戲治療及遊戲式教養的基本技巧中篩選，因為我們不是在做諮商、輔導，而是在陪伴孩子，所以我們從中篩選一些非常適合在做遊戲陪伴時可以學

習應用的技巧，希望你能夠把這些技巧也應用在陪伴的過程中。（下述幾個技巧都是引自筆者所著《結構式遊戲治療：接觸、遊戲與歷程回顧》）

一、追蹤與描述行為技巧

　　陪孩子玩遊戲時，爸媽只需要跟隨著他，反應你所看到「孩子的行為」，這就是追蹤與描述行為。在執行追蹤與描述行為技巧時，關鍵重點在於爸媽要全神貫注地陪伴，同時對孩子的行為做出具體描述，如此就能讓孩子感受到爸媽是全神貫注在陪他。這也是追蹤與描述行為技巧的真正精神與內涵。

　　我常說使用「追蹤與描述行為」這項技巧的一個極端例子，就是籃球或棒球比賽的主播，試想他們是不是把球場上球員的一舉一動用口語播報出來，他們是不是要非常的專注與投入？雖然陪伴遊戲活動過程不是要你做得如此極端，但「追蹤與描述行為」的目的就是讓孩子感受到爸媽對他的注意和全神貫注的陪伴。

　　　「你會用這些積木拼出你要的東西。」
　　　「你把不一樣顏色的士兵分開來。」
　　　「你把那個拿起來看一看。」
　　　「你一步一步的慢慢爬上屋頂。」
　　　「你用棒子打了娃娃一下。」
　　　「你把沙子撒在地上。」
　　　「你把門踢了三下，用力的關上。」

二、建立自尊技巧

很多時候，爸媽常對孩子表現出正向的行為視為理所當然，覺得不需要去關注、回應，但當孩子的行為不夠好時，爸媽就不斷地提醒、要求，甚至責罵！

若孩子還不具備以下好習慣，如喜歡閱讀、準時睡覺、專心完成作業等，但他表現出這些行為或能力時，爸媽就要及時反應，讓孩子感受到他的這些行為或能力爸媽都有看到也肯定。如此，孩子才會更有動機、動力去展現這些行為或能力，久而久之，就會內化成為他的習慣或能力。

筆者鼓勵爸媽在日常生活中，善用提升自尊技巧來肯定、鼓勵孩子，這可以讓孩子相信自己是有用、有價值、有能力與受到重視的個體。因此，在陪伴遊戲、活動的過程中，我們非常看重提升自尊技巧的反應，因為我們深信一個有自尊心、自我概念高的小孩，是不會有偏差行為的。

提升自尊技巧非常簡單，就是當孩子出現好的行為、好的特質或展現能力時，爸媽說出：「你會……」、「你能夠……」、「你一直……」、「你可以……」等類似的口語，但重點是反應這些行為的過程，而非只是結果。

例如孩子擠出黃色和紅色顏料，並把顏料混在一起，然後很得意的發現顏色的變化。

「你知道把黃色和紅色顏料混在一起，就變成橘色了。」

孩子小心翼翼的排積木。
「你會用這些積木拼出你想要的東西。」

三、反映情感

「反映情感」的技巧簡單說就是：說出你看到或感受到孩子內在可能

的情緒狀態。在遊戲活動過程中，孩子可能會有高興、生氣、不耐煩……等情緒，你要及時把這些感受到的情緒用口語表達出來，讓孩子知道你了解他此時的感受，讓孩子體驗到被了解的美好經驗，這是一種很正向滿足的經驗，同時也讓孩子學習認識自己的情緒，及接納各種不同的情緒經驗。

情緒感受本身沒有對錯好壞，加上情緒的複雜與多元並存，所以，做「反映情感」的技巧時，不要求百分之百的正確，但我們的態度可以是溫和的、接納的，讓孩子知道他可以有各種情緒。通常在遊戲活動過程中，多數孩子的情緒都是比較正面的情緒，但有時孩子遇到挑戰、失敗、困境時，仍會有負向情緒出現，此時爸媽除了反映孩子的情緒之外，更鼓勵要搭配前述的「追蹤描述行為」和「提升自尊」技巧。亦即反映孩子的情緒之後，就聚焦在孩子表現出來的好行為、好特質與能力。

（例一）媽媽：「你很高興你能把這個接起來了。」

　　　　孩子：「媽媽你看。」（拿給媽媽看）

　　　　媽媽：「你很興奮你能把這個做好，也想讓媽媽知道你的快樂。」

（例二）大人：「你很生氣，拼圖老是拼不好。」

　　　　孩子：「討厭死了，我不玩了！」（把拼圖丟出去）

　　　　大人：「你非常地生氣，費那麼大的勁還是拼不出來，讓你氣到不想再玩了。」

　　　　大人：「媽媽看到你撿起來剛才丟掉的拼圖，認真的想該擺在哪個位置？」

四、設限

　　父母陪伴孩子遊戲，孩子一般都非常開心、快樂，但也因此，有時會發生孩子不想結束遊戲的問題。此時，設限的技術就顯得很重要，以確保父母每次陪伴孩子遊戲都能順利地結束。

(一) 界線

　　在說明設限之前，先來談談界線這個概念。如學校每節上下課的時間、上放學時的鐘聲，就是界線，有了這個「明確的時間界線」可以讓整個學校的運作變得井然有序。因此，界線要產生功能，首先需要明確具體，也就是要量化與標準化，每個人收到的訊息是一樣的，因為類似「等一下」、「一下子」都是一種感覺，每個人不一樣。所以千萬不要跟孩子說，「等一下」或「好，爸爸／媽媽陪你玩一下」，你認為已說好玩一下的，結果已經玩了20分鐘，又延長了10分鐘，夠久了，然而快樂時光總是過得很快，對孩子來說，他的一下還沒有到。為了避免困擾，建議父母在陪伴孩子遊戲前，先跟孩子設定明確的時間界線。例如：

　　孩子說：「媽媽，陪我玩。」
　　父母：「好呀！等10分鐘後，媽媽就能陪你玩了。」

　　10分鐘就是具體明確的時間界線，而非「好呀！媽媽等下就能陪你玩了。」10分鐘後，家長就須遵守承諾開始跟孩子玩；且跟孩子玩之前，父母也必須先設定明確的時間界線。

　　例如：「好了，現在媽媽可以陪你玩30分鐘，也就是玩到4點。」

設立明確的時間界線，開始和孩子一起遊戲，建議在結束前五分鐘預告，讓孩子有個心理準備，給孩子一個提醒：「今天的遊戲時間還有5分鐘，5分鐘後就要結束了。」時間到時說：「今天我們的遊戲時間結束了。」不要隨意延長時間。

(二) 設限及其步驟

經過上述預告與提醒，時間到時孩子還是無法結束遊戲，一直要求父母繼續，此時就要做一個設限。設限的用意主要在傳達了解、接納及責任給孩子知道，目標不只是在制止行為，而是幫助孩子用更恰當的方式來表達動機、欲望或需求，同時協助孩子養成遵守界線的好行為。

在執行設限前，父母需要覺察一下自己的情緒，不要讓個人情緒影響設限的執行，情緒平穩，溫和而堅定是執行設限的最高指導原則。覺察與調整好情緒後，接著執行以下設限三步驟：

步驟　：說出孩子的情緒、感受或期待，如「我知道要結束了，你感到很難過。」或「我明白你很想再玩。」等等。

步驟二：具體說出限制，如「但我們說好，媽媽陪你玩30分鐘。」

步驟三：提供可行的選項，年紀大一點的孩子，能獨自一人遊戲時，可提出的選項如：「接下來，你可以自己在這裡繼續玩或是跟媽媽一起去做（什麼事）。」若孩子年紀小，如4、5歲之前的幼兒，獨自讓他們在一個空間玩玩具不太安全，此時可提出的選項如：「接下來，你要去找爸爸（或其他家人）或是跟媽媽一起去做（什麼事）。」

學齡前的孩子需要父母較多的陪伴，此時的父母每週大致也能抽出一些時間陪伴孩子玩；但是當孩子上了小學後，有了課業的壓力，加上各種才藝、補習等，使得孩子與家長的閒暇時間變少，因而有些爸媽常覺得沒有時間跟孩子玩。但是此階段的孩子還是非常渴望得到父母的陪伴。因此，建議有上述情況的家長，可以安排固定的一週一次親子時間，時間可

依家長與孩子的時間來定，大約30-60分鐘之間均可，但決定後，盡量能將時間固定下來，如每週六晚上8點到8點40分，讓孩子產生可掌握、可預期的效果，如此規律穩定地實施兩、三個月後，相信您與孩子之間的關係與互動會有正向的變化。當然，這段時間，若遇有特殊事情、時間衝突時仍可做調整，但須事先和孩子說明，讓孩子了解狀況，也讓孩子感受到父母對親子時間的重視，以及對他們的尊重。

參、家庭親子遊戲活動介紹

一、開心、有趣且有明確規則的遊戲

陪孩子遊戲這件事，本身可以帶給孩子快樂，若經常這樣做，更是給了孩子一個美好的經驗，這美好的經驗就是一個很重要的療癒元素。

孩子在成長過程也是從「自我中心」的遊戲，亦即自己玩自己的、在自己的世界中遊戲，後來到「平行遊戲」，亦即看起來是兩個人一起玩，但其實是各自玩各自的，沒有太多交流互動。但隨著成長，遊戲成為最重要學習與人互動交流的過程，此時遊戲過程就有規則、規矩了，不管是遊戲本身的規則或彼此協調出來的規則，在遊戲的過程就是要遵守規則。當孩子賴皮、不遵守規則時，就要及時的透過這樣的遊戲陪孩子；若孩子在過程中做到遵守規則，也要立即肯定他，且讓他有遵守規則之下贏得遊戲的經驗，他就會在你的陪伴中，越來越能遵守生活中的規則與規定。

由此可知，陪孩子遊戲除了是快樂、美好的經驗之外，也要讓孩子學習遵守遊戲規則，及他跟你約定的遊戲時間限制（界線）。筆者建議要跟孩子建構一個固定的親子遊戲時段，每次遊戲時也都有清楚的結束時間。這就能凸顯此效果。

1. 數字拳

遊戲方法：

・雙手各自伸出手指頭的同時，也喊出兩人伸出手指頭的數目。就是坊間的划酒拳。

・可以規定一手出全部5根手指頭或全部不出（握拳）。如此兩人的手指頭數目會出現的可能就是0、5、10、15或20四種可能。如三人玩，就多出25或30兩種可能。

・也可以規定任意出幾根手指頭都可以，那兩人的手指頭數目就是從0-20都有可能。

器材：無。

場地：無特殊需求或限制。

人數：2人以上。

注意事項：

・依據孩子年齡及反應敏捷程度，調整遊戲的節奏快慢及出幾根手指頭的遊戲規則。

・除了趣味性之外，對於學齡前正在學簡單數字概念的孩子，也有促進學習的效果。

・在輪流喊數字的過程中，不僅可以增進親子間的互動，也可以訓練孩子專注、判斷與數字計算的能力。這個遊戲完全不受時空的限制，隨時隨地想玩就玩。

2. 老師說

遊戲方法：

・這是一個大家耳熟能詳的活動，就是必須做出發令者「老師說……」後面的活動，若沒有「老師說」這三個字出現，就不能做任何發令者說的任何活動。

器材：無。

場地：無特殊需求或限制。

人數：2人、多人到小團體均可。

注意事項：

- 可以輪流擔任發令者並改為發令者的稱謂或名字，例如「爸爸說⋯⋯」、「○○說⋯⋯」○○是孩子的名字。

- 針對比較鬆散，常不遵守約定好規定的孩子，很鼓勵玩這樣的遊戲。因遊戲過程中他一直在學習服從「老師說⋯⋯」、「媽媽說⋯⋯」，同時也讓他有滿足一種自主、擁有權力的需求「○○說⋯⋯」；這個遊戲同時也能提升孩子的專注度。

- 結束後，別忘了多肯定孩子專注聆聽的態度，你會發現越能具體指出並肯定孩子的正向表現，孩子的神情會愈美、也越有自信！

3. 拇指相撲

遊戲方法：

- 兩人同時伸出右手（或左手）。大拇指之外的四個指頭彎曲相互扣住對方的四個指頭，然後用各種方式將對方的大拇指壓住。

- 遊戲開始後，想辦法壓住對方大拇指，壓住後數三秒「1、2、3」則為勝方。若三秒內逃脫，就繼續進行遊戲。

器材：無。

場地：無特殊需求或限制。

人數：2人。

注意事項：

- 可以換手玩，遊戲規則一樣。

- 亦可兩手交叉同時玩。

- 比賽開始時，有可能兩人都在等對方先動，雖然「敵不動我不動」是玩這遊戲的策略之一，但若能快速伸出拇指引蛇出洞，冒一點被壓制的風

險也是必要的喔！

· 結束時若孩子獲勝，可詢問孩子是如何辦到的並運用提升自尊技巧，例如：「原來你可以這麼有耐心等待媽媽出手。」「哇！你願意冒險吸引媽媽出手，再快速壓住對手。」若爸媽獲勝，可好奇孩子是如何再三堅持，不輕易放棄。例如：「即使被壓住了，你能夠繼續努力想辦法甩開，這種不屈不撓的奮戰精神太令人佩服了！」

4. 抓手指

遊戲方法：

· 一方手掌張開，另一方將食指很紮實地頂在對方張開掌心處。

· 就緒之後，一人開始唱這首趣味手指謠：「釘子釘鉤，小貓小狗，一把抓住哪一個？嘿！嘿！嘿！」當唱完第三聲的「嘿」之後，就立即合掌抓住對方食指，另一方則要快速閃開不要被抓住。

· 抓住對方手指者為勝方。

器材：無。

場地：無特殊需求或限制。

人數：2人以上。

注意事項：

· 唱到「嘿！嘿！嘿！」時的節奏、速度可以自行變快變慢，有助提升此遊戲的樂趣與刺激。

· 若是多人一起玩，則可以圈成一個圓圈，每個人右手手掌張開，左手食指頂住左邊人的手掌。

· 孩子會唱此首歌時，可和孩子一起唱前三句，最後一句「嘿嘿嘿！」讓孩子選擇自己或家長唱或輪流。

· 可搭配兒歌「小星星」的旋律與節奏：「一閃一閃亮晶晶，滿天都是小星星」後，再接唱出手指謠的前三句，會增添遊戲的豐富度。

・結束後可與孩子討論遊戲感受與心得，並提醒孩子：專注聽別人說話，後續的因應行動才會更敏捷與正確。

5. 一起學習並玩一種棋藝

遊戲方法：與孩子討論後，教導孩子學習一種新的棋藝。

器材：棋子與棋盤。

場地：室內不被干擾即可。

人數：2人或2人以上。

注意事項：

・善用提升自尊及情感反映技巧。

・棋藝是一種需要不斷動腦提升能力，並且可以增進人與人間互動的活動。

・在下棋過程，同時引導孩子「勝不驕、敗不餒」的棋士精神，同時可以達成樹立品格的目的。

・若家中有年長者，例如爺爺奶奶或外公外婆，可請孩子擔任棋藝老師邀請並教導年長者一起下棋。除了可促進祖孫感情，更能防止老人失智且提升孩子的我能感。

・在玩的過程中，也可以看出孩子的個性，孩子好勝心強，贏了很高興，輸了不服輸，這時候正好是家長機會教育的時刻，除了關照孩子的情緒，也趁機教育孩子「棋品」的重要性，如一位專業棋手應展現的氣度。

6. 踩（拍）數字

遊戲方法：將事先準備好的數字卡隨機散落在地上或桌面上。

器材：兩張相同數字卡（或是注音符號卡、英文字母卡）數張。

場地：無特殊需求或限制。

人數：2人。一次1人踩數字，另1人發令喊數字。然後輪流腳踩（或手

拍）及發令。

注意事項：

‧數字卡的多少依孩子年齡、能力來做決定。

‧建議數字卡護貝起來，相對比較好保存。

‧年齡更小的孩子也可以兩張相同圖卡來取代數字。

‧數字卡若放在桌面，採取手拍的方式，要注意桌子的穩固及安全。

7. 心臟病／眼明口快

遊戲方法：

　　玩法一：兩副撲克牌拿掉鬼牌，充分洗牌後，由一人負責發牌到每位遊戲者的前面，當牌的數字與其他一人相同時，即須互叫對方的名字，先叫出對方名字者即贏得對方所有的牌，接著繼續發牌，直到發牌者發完手中所有的牌時，獲得最多牌者即是贏家。

　　發牌者需注意看每位遊戲者的牌，當有人相同時，即須暫停發牌，直到互叫名字後，再繼續發牌。且新牌覆蓋舊牌，以最新的牌為主。

　　玩過兩輪後，可請每位遊戲者取一個最喜歡的水果名或食物名或明星或偶像名字，新的一輪遊戲即以此新取的名字來互叫名字。

　　碰到數字一樣時互叫的規則，也可改成碰到同樣花色的牌（如紅桃、黑桃等）時互叫名字。

　　玩法二：一人擔任發牌者，發給所有遊戲者同樣張數的撲克牌。大家先將手上的牌朝下（亦即不知自己手上的牌為何），接著從年紀最小的開始出牌（牌面朝上）並喊出數字「1」，若該張牌為數字1，則所有的遊戲者皆須以最快速度單手壓住該張紙牌；最慢者（即最上面的手）則要收下紙牌。若該張紙牌並非出牌者口中的數字，就不用出手壓牌。依此類推順時針方向進行，第二位出牌者喊出數字「2」。喊到撲克牌數字的上限13（即老K圖案）後，再回到1開始喊。最快將手中的牌發玩即為贏家。

‧壓牌的方式除了手心朝下外，也可改以手背朝下、手肘、腳掌等，可增添遊戲的趣味性且提升手腳的靈活度呢！

器材：撲克牌。

場地：安靜不被干擾即可。

人數：宜2-6人為佳。

注意事項：

‧過程中要說出孩子具體做到專注、反應快，或勝不驕敗不餒等良好特質，提升孩子的自尊與自信。

‧人數超過4人以上時，建議一次準備2副撲克牌。

‧手足一起玩時，家長給予兩個孩子的正向回饋要考慮平衡。

‧建構一個結束儀式，如全家人一起擁抱、牽手或擊掌⋯⋯等。

二、合作或能力展現的遊戲

　　筆者常說孩子是在遊戲中成長，在遊戲中學習，在遊戲中學習與人互動。在團體中能與人合作、合群是人際關係培養的重要特質。陪孩子遊戲不只是快樂的元素而已，孩子透過遊戲過程，展現自己的能力，進而提升自尊、自信，這也是家庭親子遊戲的第二個重要療癒因素。若在展現能力的同時，又需與其他參與者合作才能共同完成的遊戲，那就更具價值了。

8. 疊杯抽抽樂

遊戲方法：

- 準備1至5個紙杯或塑膠杯（疊杯）與5張以上紙張。
- 紙杯穿插紙張堆高，可嘗試杯口向上與杯口向下兩種方式，亦即將杯子與紙依序往上疊，每個杯子之間放上一張紙。依序往上疊2-5個杯子，也就會有2-5層。
- 然後從最上層的紙張開始抽出，使得最上面的杯子能掉入下層的杯子中。若杯子倒了就換人或重新開始。若杯子順利掉入下層杯子中，則依序往下繼續抽出中間紙張。

器材：紙杯、塑膠杯或疊杯2至5個。紙張5張以上。

場地：建議在平穩的桌面或地板上進行。

人數：1人到多人均可。

注意事項：

- 杯子越輕，挑戰度越高，建議事先測試不同材質的杯子，然後在進行此活動，以減少失敗的挫折感。待有成功經驗之後，再嘗試不同材質的杯子。
- 杯子之間的紙張大小、材質也是影響是否能成功抽出紙張的重要因素，建議事先嘗試不同大小及材質的紙張。
- 其實這個看似簡單的活動蘊含了科學原理：動摩擦力比靜摩擦力的摩擦力小。抽紙的動作若越快、力道越均衡，上方的杯子就會越快速、越平穩的向下掉落，並成功套在下方的杯子。

9. 一起放風箏（登山、潛水、騎自行車、參加馬拉松）

遊戲方法：

・此類活動視個人及孩子年齡、體能、興趣、方便性等做選擇。

・這類活動多半就是無法在家中、室內進行，是戶外體驗，有些活動還要有教練或該項專業人士陪同教導下進行。因此這類活動雖然無法隨時隨地進行，但能讓參與者擁有深刻體驗，且完成此類活動之後都會很有成就感，也能留下深刻回憶。

器材：該活動所需之器材設備。

場地：戶外。

人數：通常是團體，有教練、老師或家長帶領。

注意事項：

・過程中要多拍幾張相片。尤其是需要專業教練帶領的活動，如潛水、爬山、攀岩……等活動。因為參加這些活動比較不容易！

・有些較耗體能的活動，除了技巧的訓練學習，在達成目標時建立自我的信心，同時在親子互動過程中也可以留下許多令人難忘的回憶。

・不論是第一次帶孩子放風箏，或是騎自行車，在安全的前提下，爸媽也在學習放手的過程，學習讓孩子冒一點風險去體驗生活中的新嘗試，孩子也學習到新的經驗。

10. 合作完成一個200片拼圖

遊戲方法：

・購買200片或更多片之拼圖，然後設定一個時間內合作完成。

器材：200片拼圖。

場地：室內，且有地方可以收納未完成之拼圖。

人數：親子或全家人。

注意事項：

・可以依孩子年齡、能力及彼此時間，選定200片或更少更多之拼圖。

- 根據大家的狀態，設定一個具體時間完成，如兩天、三天或一星期。

- 坊間有客製化拼圖，印出家人的合照，或特別有紀念性的照片，一起完成之後，將此拼圖送去裱褙並押上日期，供日後回顧。

- 用親子合作的方式一起完成，也可以計時並記錄下來，作為下一次更新紀錄的挑戰，讓孩子從過程中除了樂趣之外，也可以獲得進步的成就感。

11. 故事接龍（圖卡編故事）

遊戲方法：

- 若僅是親子2人則每人選2張圖卡，若是3人以上則每人選1張圖卡。

- 然後由孩子來決定編故事的順序，依序編撰故事。

器材：多張圖卡，建議一定要超過所選的張數，不要剛剛好，讓孩子有機會選擇他喜歡的圖卡，以提升孩子的掌控感。

場地：室內不受干擾的地方。

人數：親子或全家人。

注意事項：

- 事先要準備好足夠的圖卡。這些圖卡可以是明信片、繪本、古今中外畫家的作品圖卡、文藝節目活動之宣傳卡片及海報……等等。皆是可以應用的媒材。

- 建議全程拍照且錄音。

- 故事講述完畢，一起討論為此故事取個名字。起初孩子可能會說不知道要取什麼名字，父母宜耐心地引導孩子回顧故事劇情，並肯定孩子的任何想法。

- 事後可以根據錄音將故事內容謄寫整理成文本，就成為一篇故事，配合當時的圖片，討論出來的故事名，就可以製作出一本親子或全家編撰的故事書。

實例：《一場夢》

一個13歲的男孩，最近總感覺有雙眼睛在背後盯著自己，但是又看不見是什麼人，讓他渾身不自在。他奇怪為何會有這樣的事情？他懷疑是壞人，他想起有些人口販子會拐賣孩子，他擔心這人也想對他做些不好的事情。

他非常疑惑，這種感覺揮之不去，煩惱極了。

他希望自己能有一個隱形斗篷，這樣不但別人見不到他，他也見不到別人，就不用煩惱了。他還想吃一塊甜甜的蛋糕，甜食可以讓他產生多巴胺，帶來愉悅的心情。

睡午覺的時候，他開始不停地做夢。

第一個夢裡，一隻很大的手向熟睡的他逼近，好像要把他抓走，夢裡的他好害怕，好恐懼，他盼望有個超人在他身邊保護他，自己再吃一個甜甜的霜淇淋，再多一點多巴胺，讓心情好起來。

然後他又做了第二個夢，夢見他在家裡，門外有兩個高大的陌生人要進他的家裡，他顯得很矮小，他從門縫裡看著那兩個陌生人，很害怕，很無助。他好想趕緊叫警察叔叔過來，把這兩人趕走或抓走。他把家裡的巧克力找出來，吃點甜的讓自己心情好一些，也沒那麼害怕了。

緊接著他做了第三個夢，夢見他在一個餐桌邊，除了他的家人之外，他對面還有一副碗筷，但座位是空的，他很奇怪這個位置是誰的？除了爸爸媽媽，還會有誰呢？不會是壞人吧？不會是他不喜歡的人吧？他為此覺得很焦慮不安。他想起那雙無處不在的眼睛，想起夢裡向他逼近的大手，想起門外想闖進他家的陌生人。此刻，他好想有個神奇力量的獨角獸陪伴著他，獨角獸告訴他：經歷一些不好的事情之後，一定會有一些好事在等著你的，風雨過後會出現彩虹。獨角獸還帶來長得很像愛心形狀的紅紅草莓，味道甜甜的很好吃。

從夢中醒來後爸爸回來了。他趕緊跟爸爸講了他的靨夢，爸爸給了他

一個溫暖有愛的擁抱，告訴他這些夢都不是真的，告訴他爸爸愛他，要他相信自己永遠值得被愛。爸爸安慰的話語和溫暖的擁抱讓他感動和安心，他不再害怕那些夢了。

然後，他和爸爸媽媽一家三口一起愉快地吃晚飯，吃著媽媽準備的豐盛的美食，一家人有說有笑，其樂融融，他感到滿足和開心。他用相機記錄下這美好的時刻，並且相信：每一天都是美好的一天。

12. 對對碰（又稱過目不忘、記憶高手）

遊戲方法：賓果遊戲。

‧將撲克牌分成兩組，每組各有26張牌（即含兩種花色）。然後將這26張牌重新洗牌，並井然有序的擺放於桌上。

‧猜拳決定掀牌次序。一次翻一張，開牌後再翻第二張，共翻兩次。若兩張數字不一樣，則蓋牌換人翻牌。若此兩次牌的數字一樣，則賓果猜中，可以將此兩張牌收過去，然後繼續再依序翻兩張牌。若又有一樣則繼續翻。若牌不一樣則換人翻牌。

‧依此規則翻出所有牌。

‧手上拿到較多牌的人就是贏家。

器材：撲克牌或其他有兩兩相同圖案的牌亦可。

場地：室內，有桌子為佳。

人數：2-4人最適宜。

注意事項：

‧可以依孩子年齡、能力決定一次26張牌或減少牌的張數。

‧翻牌時要翻開且一次一張，主要是要讓大家都能清楚看到，並記住該張牌的位置。

‧與年齡較小的孩子，如學齡前孩子玩時，家長可技巧地讓孩子贏，增強孩子的成就感，同時過程中要說出孩子具體做到專注、認真、記憶等好

行爲與好特質，提升孩子的自尊與自信。

· 有種更簡單的玩法，是七歲和五歲的姊弟自創的，將象棋蓋住，輪流進行，一次同時翻兩顆棋子，若一黑一紅則收起來，若雙黑或雙紅則再蓋回去，換對方掀開棋子，全部掀完爲止。這個創意玩法很適合年紀小的孩子。

13. 比手畫腳

遊戲方法：

· 選定一些圖卡、成語卡或自行寫下題目。如歌曲、交通工具、不同情緒等。

· 全家人分成兩組。每組設定一個時間，選一個擔任比手畫腳者，其他人則是猜答案者。

· 比手畫腳看了卡片之後，不能有口語及出聲音，僅能比手畫腳讓同組其他人猜答案。

· 猜對則繼續下一題，直到時間結束。中間有一直猜不出來的題目，亦可放棄選新的圖卡。

· 猜對題數多的一方就是是勝利方。

器材：圖卡（或字卡）、計時器。

場地：室內，不會受到干擾的地方。

人數：3人（含）以上。

注意事項：

· 遊戲規則的表演者，可以固定一個人從頭到尾比手劃腳，也可以每一個題目都換人輪流比手劃腳，只要兩組規則一致即可。

· 也可3人進行，1人輪流當出題者，讓另外2人來猜。

· 讓孩子透過肢體或聲音練習表達心中所想，在比手畫腳的過程中，同時也是觀察力與創意的展現。

14. 一起完成六格畫

遊戲方法：

・根據事先準備好的「六格畫」進行創作。

・六格中分別有點、橫線、斜線……，每個人就是依據自己的創意在每一格都畫出一個作品。

・說明每一格作品的內容為何，可以天馬行空的描述。

・也可以邀請每個人為自己的六格作品編撰成一個故事。

器材：六格畫學習單。彩色筆、蠟筆或有顏色的簽字筆、桌子。

場地：室內。

人數：親子或全家人。

注意事項：

・將完成之作品及其描述加以記錄並保存。

・此為一種投射或創意的遊戲，並無標準答案，請以開放、欣賞的態度來看整個創作過程及作品。

・每個作品的創作過程是個人內在世界的投射，為了促進家庭成員間的彼此了解，可以帶著好奇、開放及欣賞的態度，邀請成員一一分享，並且為自己的六格作品命名，最後署名及押上創作日期後留念。

・這個活動建議預留至少一個小時，大約用半小時的時間創作，半小時的時間分享，家長與小孩創作的過程中也會有對話，比如小孩說「我不會畫！」這時可以告訴小孩，想到什麼就畫什麼，不是比賽，也不用跟其他人比較，重點放在享受自由創作的過程。畫完後，輪流分享自己畫的內容，也可以帶著好奇多問一些細節，並適時給予讚賞肯定。也可以邀請小孩用六格畫串起一個故事，並且幫他們錄音，小孩很喜歡聽自己錄音的聲音，保存下來將成為日後的珍貴回憶。

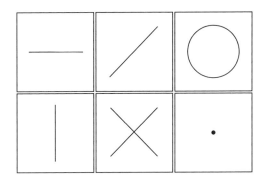

15. 一起製作一張到學校（公園、商場……）的上學（散步、買菜……）地圖

遊戲方法：

・決定一個日常生活中常去的目的地，然後製作從家裡出發到該地的地圖。

・沿路經過的一些商家、機關、單位、公園、停車站……等，選擇性地設計在地圖中。

・走這條路時常看到的場景、人物（如某個社團在跳晨舞、打太極拳、有個攤販販賣飲料……）也可以呈現在地圖中。

・可以用剪貼雜誌的相片或圖片來作為編制地圖的素材。

・不必太講究比例，而是整個地圖中印象深刻的建築、單位、場景或人物，選擇性的呈現在地圖中。

器材：方格紙或普通影印的白紙均可。鉛筆及橡皮擦、桌子。

場地：室內。

人數：親子或全家一起。

注意事項：

・協助孩子確定地圖方向。以及出發點（家）的位置是要置中或地圖中間……，這取決於要把哪些單位、場景、人物畫進去。

・可以創造自己的象徵圖案，如醫院、紅綠燈、公園……等圖案。

‧地圖距離、大小之大小比例不必要求正確，孩子選擇呈現在地圖中的場景、人物皆予以尊重。因為大小的比例雖不符合現實狀況及所選擇的內容，都可能是孩子主觀上認定重要或印象深刻程度的反映。

‧若一張方格紙不夠，可以改用更大的紙張。

16. 一起塗鴉創作

遊戲方法：

‧親子兩人在一張8K大小的圖畫紙上以線條塗鴉。形成許多不規則形狀的封閉區塊。也就是兩人將蠟筆選定在紙張的某一個點，然後比喻像是一個鬆掉的氣球在紙上上下左右亂闖。盡量讓筆在不同方向移動，形成線條交錯的樣態。如此就會形成許多不規則形狀的封閉區塊。

‧家長再將最後的結束點也連成封閉區塊。

‧然後兩人一起合作用不同顏色彩筆或蠟筆，將每個區塊都塗滿顏色，一次一個顏色塗滿一個區塊，塗滿之後再換顏色及不同區塊

‧完成之後，兩人再一起決定要從哪個角度看此作品，並為此作品命名。

器材：8K圖畫紙、蠟筆或是現成的畫架與粉筆、桌子。

場地：室內。

人數：2人為佳。

注意事項：

‧以蠟筆為佳，因為彩色筆容易讓紙張破損。

‧建議可以將完成的作品加以裱框或護貝，以利保存。

‧過程中，孩子可能會說不知道要畫什麼。此時可反映孩子的心情（困惑、擔心等）並提供自由。例如：你很困惑該畫什麼，這時候你可以自己決定畫什麼。

三、滋養撫育

　　每個孩子都渴望與爸媽有親密互動，溫柔舒服合宜的身體接觸；另外，一起準備孩子喜歡吃的餐點、食物、點心等過程，也很具滋養撫育的效果，可以充分滿足孩子的親密心理需求！這也是家庭親子遊戲第三個很具療癒的元素。因此，家庭親子遊戲的設計，除了所謂「玩」的遊戲、活動之外，也鼓勵家長選擇一些可以增進親子親密互動，促進滋養撫育效果的活動。

17. 一起準備餐點（如生日餐、打杯果汁、餅乾、烘焙）
遊戲方法：
・這是一個很療癒也值得親子或全家人共同進行的活動。依家庭設備、能力及需求來選擇。可以簡單的從打一杯果汁、烘焙餅乾、麵包到準備一

餐生日餐均可。

· 決定好要準備的餐點之後。親子從採買、梳洗、備料到實做都一起分工進行。

· 完成之後，大家再一起享用的過程將非常具有滋養撫育的效果。

器材：依準備之餐飲決定。

場地：廚房、餐廳。

人數：親子兩人到全家一起參與。

注意事項：

· 依家中設備及家長能力決定要做何種的餐點，切莫選擇一項家長不會或無適當設備的料理。

· 此項活動建議可從採買及備料到完成料理。但若時間或其他因素限制，亦可僅從爸媽買回食材之後，大家從清洗、切菜、擺桌、煮食到完成及最後的清理來進行分工與合作。

· 雖然媽媽進廚房的機會大於爸爸，但其實爸爸的烹飪潛力也不容小覷喔！若能鼓勵並肯定爸爸的加入甚至成為主要指導者，更能促進夫妻與親子和諧呢！

18. 幫對方擦拭乳液或精油

遊戲方法：

・這樣的活動是很具滋養撫育的效果。若平日就已經有這樣的習慣幫孩子擦拭乳液或精油，則可以拍照紀念。

・若平日很少這樣做，建議刻意的幫孩子擦拭乳液或精油。

器材：乳液、精油或類似物品。

場地：無特殊需求或限制。

人數：1人到多人均可。

注意事項：

・建議可以規律性地執行這類活動，到成為親子間的一個習慣。

・執行這類活動時，爸媽不在此時對孩子指責、嘮叨、提醒、講大道理，就是幫孩子擦拭乳液或精油，讓孩子感受到爸媽的愛與撫育。

・可以在洗澡後或睡覺前進行，成為一種儀式感的活動，親子彼此間互相塗抹肩膀、背部或痠痛部位，不僅能舒緩一天的疲累，也能拉近親子間的關係。

・注意事項：在塗抹精油部分，選擇適合孩子年齡使用的精油安全配方。

・可以播放孩子喜歡的音樂，在愉快的情緒氛圍下進行，有促進彼此關係及心理健康的加乘效果。

19. 爸媽和孩子進行「三明治」擁抱／親吻活動

遊戲方法：

・孩子站在爸媽的中間，然後爸媽用力往中間靠攏，雙手環抱相擁，抱起孩子。

・另一種類似的方法就是「三明治」親吻活動，由爸媽同時親吻孩子的雙頰，或是兩個孩子同時親吻爸爸或媽媽。

器材：無。

場地：內外皆可。

人數：全家人。

注意事項：

· 年紀大一點的孩子，尤其女生可能會顯得尷尬或不自在，可以讓女孩面向媽媽，若還是無法接受，也不要太勉強。

· 年紀越小的孩子會越喜歡。可以加上繞圈、旋轉、移動等動作，增加趣味性及刺激性。

· 家中有兩個孩子以上，也可以玩小孩擁抱（親吻）爸爸或媽媽，讓爸媽成為夾心，享受被緊緊擁抱（親吻臉頰）的幸福感，孩子也會感到歡樂有趣。

20. 爸媽和孩子在床上玩「坐飛機」遊戲

遊戲方法：

· 家長坐在床邊，孩子輕鬆站立在家長前面。

· 家長雙手握住孩子的雙肩，雙腳抬高頂住孩子雙腳髖關節處。

· 家長往後躺在床上，同時間雙手雙腳伸直，將孩子全身頂起來，懸在半空中，就像一架人體飛機。

· 另一種坐飛機遊戲，是由爸爸分別以左右手同時抱起兩位年幼的孩子，讓孩子可以順勢被撐高，媽媽則在一旁留意安全性並給予爸爸加油打氣。

器材：床鋪或柔軟地墊（以床鋪為佳）。

場地：室內。

人數：2-4人。

注意事項：

‧此活動非常適合學齡前幼兒，約8個月起就可以玩。既刺激又好玩。

‧過程中仍要留意周遭環境的安全。

‧撐上去之後，可以視孩子當下狀態試著忽高忽低、前後左右旋轉，以增加活動的刺激與趣味。

‧家中若有兩個學齡前上下的孩子，在爸爸體力允許下，可以嘗試「雙載模式」，孩子們會玩得超開心。

21. 騎馬

遊戲方法：

‧家長四肢著地，小孩坐在大人背上，家長左右搖晃或上下抖動身體，小孩要試著坐穩、不掉下來。

器材：床上，或大塊的軟墊上。

場地：室內。

人數：1位大人，加1個或2個小孩。

注意事項：

‧此活動剛開始時，建議家長先與一位孩子進行此活動更佳，若家有兩個以上的孩子，則可輪流騎馬。

・玩熟悉後，視家長的體力、體型與孩子的年紀與體型，若評估可以，則一次讓2位孩子一起坐在家長背上，讓兩位孩子合作努力坐穩、不掉下來，則能增進手足的合作，且讓整個遊戲更刺激與好玩。

22. 一起上超市或傳統市場採買

遊戲方法：

・人數：類似「一起準備一餐生日餐（打杯果汁、餅乾、烘焙）」的活動，但更簡單且容易執行。

・我們在小時候也有跟媽媽、爸爸或爺爺奶奶上市場（超市）的經驗。這個活動就是找一個大家都有空的時間，一起上超市或傳統市場採買。

器材：無。

場地：超市或傳統市場。

人數：2人或多位家人。

注意事項：

・輕鬆、自在的享受這種沒有功課、成績、人際困擾、親子矛盾……等事件影響的互動過程。因此就是專心陪伴、開心採買彼此喜歡的食物。

・若能找到適當時間只是安排與某一位孩子進行此活動更佳，另一個時間再與另一位孩子進行此活動，這種個別陪伴的方式是很不錯的。

・上市場或逛超市是我們一般人的日常生活，帶著小孩去逛超市，能讓孩子看見並認識每一樣食材原貌，並且有機會接觸，而不只是餐桌上的食物。如果可以帶孩子去菜園或果園採蔬果，比如拔地瓜、毛豆、摘草莓等，引導孩子和大自然接觸連結，除了讓孩子了解人與自然之間的關係，也是很棒的親子時光。

・鼓勵進行具有旅遊內涵的「菜園、果園一日體驗遊」。

23. 角色互換，扮演半日（一日）爸爸（媽媽）負責照顧全家人的作息、飲食及生活

遊戲方法：

・選定一個大家都放假的時間，進行此活動。

・事先就約定好誰與誰角色互換，互換的時間從幾點到幾點。

器材：無。

場地：無特殊限制。

人數：全家人。

注意事項：

・一次僅一個孩子扮演爸爸或媽媽即可。亦即不建議同時有一個孩子扮演爸爸，另一個孩子扮演媽媽。

・建議扮演過程有包含到一些生活中容易有對立、矛盾、緊張的事件。如寫功課、讀書、吃飯、洗澡或叫起床等。

・當大人扮演孩子演出其不配合、不聽話或抗拒等生活中的對立、矛盾與緊張關係時，若小孩以爸媽平時會使用的方式處理，爸媽也要在適當時機扮演配合、聽話的互動樣態，這對孩子才有示範效果。

・扮演時間的長短要隨孩子的年齡來判定，學齡前孩子或許1小時左右即可，中低年級則建議4小時以內，高年級以上則可以4小時到8小時。

24. 拍一張穿一樣／同款式衣服的全家福照

遊戲方法：

・這是一件很有趣味性、意義性與紀念性的活動。可購買一件大家都能接受的衣服，多半都會是圓領衫、T恤。或是出遊時租借的當地民族服飾。

・有些人則會很正式穿起晚禮服和西裝外套。只要是經由大家決定同意即可，重點是拍一張全家福，可以到照相館拍攝，或自行用手機或相機拍

亦可。

器材：全家福服裝、相機。

場地：自行選定。

人數：全家人。

注意事項：

- 建議搭配一個特別有紀念價值的日子，如結婚紀念日、某人的生日、元旦、春節。

- 若能規律地每年都拍攝一張，那就更具價值與意義。

- 在全家出遊的日子裡，一同穿上同款圖案上衣，可以用現成圖案，或是家人共同設計，除了方便辨識、有歸屬感，這張全家福照片也將永難忘懷。

四、自我接納、利己利他

我就是長這個樣子，我就是有不如別人的地方，但也一定有我的特質、優點，如何讓孩子接納、悅納自己很重要，而這種自我的悅納特質，比能力展現來得重要，因為悅納就是完全的接納，沒有好壞。這也是第四個重要的療癒元素。讓我們就從欣賞孩子的優點、學習端看生命的光明面，再從與孩子一起服務奉獻做公益開始吧！你的陪伴讓孩子學會自我悅納，將會是他生命中最重要的經驗與禮物！

25. 一起做一件公益

遊戲方法：

- 選定一個事先聯絡好的社福機構，為該機構提供服務。

- 參加某些單位號召的公益活動，例如淨灘、路跑、撿公園垃圾……等活動。

- 自發作一件親子都同意的公益活動。如打掃社區、到育幼院、老人院服

務。

· 拍攝一些公益主題的影片且上網播放。如倡導垃圾分類、隨手關燈……
等。

· 生活中的觀察與發想，例如天熱時，澆灌公園的小樹苗。

器材：無。

場地：無特殊限制。

人數：2人或全家人。

注意事項：

· 可以親子或全家人一起從事公益活動，如果一開始不是很熟悉或不知該
如何開始，則建議從自己社區做一些服務或是參加社會號召的活動開
始。

· 帶領孩子查詢公益單位的性質與需要幫助的對象（例如各類社福團
體），以培養孩子的同理心與我能感。將此項活動的體會擴展到生活
中簡單的一件事，如幫忙撿起社區垃圾，幫長輩推輪椅進電梯……等
等。

26. 寫下並說出對方3個你欣賞的優點

遊戲方法：

· 安靜不受干擾的地方，適合在吃飯、喝茶之際進行。

· 爸媽或孩子先開始皆可，大家同意即可。

· 唯一規則就是當有人分享時，所有人都必須專心聆聽。

· 所有人均分享完之後，建構一個結束儀式，如全家人一起擁抱、牽手或
擊掌……等。

· 說出對方的3個優點或你欣賞的特點。進行此活動時，不必拘泥於一定
要3個點，多於或少於3個點都無所謂，此活動就是要學習就是看到對方
的優點並回饋給對方。

器材：筆、小卡、書籤。

場地：無特殊限制

人數：親子或全家人。

注意事項：

‧建議不要僅是形容詞式的描述，要具體的描述，例如「你好漂亮，尤其是你的兩個眼睛大大的、圓圓的還充滿著光彩。」「你都很聽話，比如媽媽請你幫忙整理客廳時，你都會願意幫忙拿抹布擦茶几及矮櫃！」

‧鼓勵經常進行此項活動，若能將此活動建構成為一個很規律、很有儀式感的活動，相信效果會更好，例如每天晚上就寢前分享欣賞對方的優點，或是週末全家人一起晚餐時，彼此分享欣賞對方的優點。

‧若能準備空白卡片或書籤，將欣賞對方的優點寫下來，並將這些卡片押上日期保存下來，將會是一項很珍貴的禮物。

‧當大家在空白書籤或卡片上，互相寫下欣賞對方的優點後，可先讓孩子猜父母寫的內容，只要猜中其中1點，就可以得到父母的讚賞與擁抱。同樣的，父母也可以猜孩子所寫的內容，這樣的互動可以增加趣味，也讓整個分享更讓大家印象深刻。在猜測過程可適時請對方給予提示。

27. 跟孩子分享成長過程中的深刻生命經驗

遊戲方法：

‧此活動建議找一個不受干擾又有足夠時間的機會。爸媽分享幾個深刻的生命經驗，如第一次搭飛機、第一次離家、小學畢業、與好友間的爭吵與和好、結婚、生子、買房子、第一份工作、第一份薪水……等經驗。深刻經驗不一定要讓人驚心動魄、柔腸寸斷，這些在成長、生命轉折、人生第一次的經驗都很值得分享。

‧爸媽主動分享，若能伴隨一些與經驗有關的相片、物件（如畢業證書、獎狀……），這樣的分享就更具吸引力。

‧孩子會有很多問題，爸媽就一一回答以滿足孩子的好奇心。

・分享完之後，建構一個結束儀式，如全家人一起擁抱、牽手或擊掌……
　等。

器材：無。

場地：無特殊限制。

人數：親子或全家人。

注意事項：

・進行此活動時，經常會引起孩子很多的好奇心，會想要知道更多相關人
　事物，故建議要預留足夠時間。

・建議可以多次進行此項活動，讓孩子期待及有興趣聆聽爸媽的分享，這
　過程其實都有很正向的示範、楷模效果，爸媽也可訪問孩子類似經驗的
　感受與因應做法，同時也更能拉近親子間的關係。

28. 整理並分享本週1-3件快樂、成就、難過、挫敗……的事情

遊戲方法：

・安靜不被干擾的地方，適合吃飯、喝茶之際進行。

・決定由爸媽或孩子先開始，大家同意即可。

・唯一規則就是當有人分享時，所有人都必須專心聆聽。爸媽可先示範並
　鼓勵孩子給予分享者正向回饋，例如同理分享者的喜悅與滿足，或是肯
　定分享者的成就與表現。

・所有人均分享完之後，建構一個結束儀式，如全家人一起擁抱、牽手或
　擊掌等。

器材：無。

場地：無特殊限制。

人數：親子或全家人。

注意事項：

・建議可以多次進行此項活動，成為全家每週的固定儀式，讓全家人都有

分享的機會、習慣，促進彼此的了解。

· 若有家人需要分享一些難過、傷心、生氣、挫敗、沮喪……等事件時，也可以。或許一開始孩子會感到彆扭或不自在，爸媽可展現溫暖、好奇與關切態度，說明分享的重要性與意義：透過分享快樂、喜悅、開心等會加倍，分擔則生氣、擔心、害怕等會降低。

29. 選出彼此都滿意的相片10張，並製作成一本相簿

遊戲方法：

· 先確定有哪些人參與。例如媽媽與妹妹或更多的家人。

· 事先準備所有參與者都出現的相片數張。越多越好。

· 所有參與者選擇大家都喜歡的相片10張。

· 然後將這些相片整理成一本小相簿，可以在相簿中寫下心中想說的話，並爲此相簿命名。

器材：相片。

場地：無特殊限制。

人數：親子或家人。

注意事項：

· 相片不僅限於10張。可增加或減少。

· 建議可以建立孩子與爸爸（或媽媽）兩人的親子相簿，或手足相簿，以及有全家人的相簿。

· 特別爲因爲要讀書、工作而必須離家的孩子製作一本他和某位家人及全家人的相簿，會很有意義與價值，一本本的小相簿都充滿著彼此的愛與關心。

五、情緒經驗充分表達

成長之路總是會遇到挫折、失敗，或是一些讓人難過、悲傷、生氣等

的事件，有時也有好多期待、理想，但卻無法盡如人願，人生也總是會面對一些令人悲傷、失落的事件，這就是一個人的生活、生命。所以，我們不是要追求事事順利，而是要學習如何面對並健康表達這一切，亦即可以把這些事件所帶來的負向情緒充分表達出來之後，就可能會有新的領悟與轉折，故情緒經驗充分表達也是一個重要的療癒元素。筆者常說：「面對它、接受它、放下它」，也就是在情緒經驗充分表達完之後，新的領悟與轉折就會產生，很多改變就發生了。因此透過適當的遊戲、活動引導孩子健康表達與面對內在情緒，當然是很有療癒效果的。

30. 玩情緒臉譜之「選情緒說事件」遊戲

遊戲方法：

- 參與者都圍坐在一起。
- 參與者依序輪流抽取一張情緒臉譜。不要讓人看到所抽取的情緒。
- 然後依序描述情緒事件，例如抽到生氣，就描述一件讓你生氣的事件。但不能說出這個情緒。
- 其他參與者專注聆聽並猜出分享者所描述的情緒為何。
- 有些情緒是相近的，例如生氣、憤怒。但此項遊戲必須百分百猜對描述者所抽到的情緒。
- 若一直猜不出來，可以換另一事件來描述。
- 猜中之後，依序由下一位分享，直到全部參與者都描述且都猜出情緒為止。

器材： 情緒臉譜（若無情緒臉譜就在卡片上寫下各種不同情緒，一張卡片寫一種情緒）。

場地： 安靜不被干擾即可。

人數： 親子2人或全家人。

注意事項：

‧此項遊戲必須百分百猜出完全一樣的情緒，因此若參與者說出相近的情緒字眼時，可以提示說接近了，更強烈一點或弱一點。

‧可以不只玩一輪，但也不需要完太多輪。建議頂多三輪。

‧孩子若還小，對某些情緒不是很了解，則先跟他解釋說明之後，再請他舉事件例子，不急著換情緒，因透過描述例子可以引導孩子自我覺察及辨識情緒。

‧所描述事件可以是發生在自己身上，也可以在他人身上。

‧所有人均分享完之後，建構一個結束儀式，如全家人一起擁抱、牽手或擊掌……等。

‧針對日常生活實際發生的事件，爸媽可以先分享自己的情緒感受作為示範，接著引導孩子訴說自己的情緒感受，這是一個很好的情緒表達遊戲練習，孩子也可以在過程中學習如何表達情緒，而且完全被爸媽所接納。

31. 指認最近一件不開心事件之情緒

遊戲方法：

‧針對最近已發生的事情來進行此活動。例如手足吵架、在學校與同學吵架，被老師處罰……。

‧參與者都圍坐在一起。一定要邀請該事件的當事者參加此活動。

‧爸爸（或媽媽）以一種不帶批判、中立的態度描述該事件，例如「在學校與同學吵架」。

‧邀請參與人及當事者透過情緒臉譜，選擇該事件引發的情緒。（不限一種，覺得有哪些情緒就都選出來）

‧可以先邀請其他參與者分享當事者可能有的情緒，以及為什麼會有該情緒。例如媽媽選出生氣、害怕、後悔，然後描述生氣是因為班上同學先搶了他的筆，他才會動手的；害怕是覺得爸媽會生氣罵他；後悔是因為

動手打了同學。

· 爸爸（或媽媽）逐一邀請參與者分享完之後，再邀請當事者描述他所選出來的情緒，及伴隨該情緒的想法。

器材：情緒臉譜（若無情緒臉譜就在卡片上寫下各種不同情緒，一張卡片寫一種情緒）。

場地：安靜不被干擾即可。

人數：爸爸（或媽媽）與該事件之孩子。

注意事項：

· 若該事件有手足兩人以上，可視事件內容及手足爭執強度，判斷是分批一次邀請其中一位，或是兩位手足一起參加。

· 爸媽就是專注傾聽孩子的描述，不必急著澄清。因讓孩子充分地描述就有抒解效果，也能幫忙爸爸（媽媽）更了解孩子的情緒及其伴隨的想法，明白孩子是如看待或解釋此事件。

· 所有人均分享完之後，建構一個結束儀式，如全家人一起擁抱、牽手或擊掌……等。

32. 一起做冥想、靜心、打坐等活動

遊戲方法：

· 爸爸（或媽媽）選定一項自己熟悉或做過的冥想、靜心、打坐或類似的活動。

· 選定好場地、時間、器材之後，即可開始進行。

· 非常鼓勵固定時間像儀式般地進行冥想、靜心、打坐……等此類活動，這更能讓此類活動產生正能量的效果。

· 這類活動亦可搭配一些類似感謝、感恩的分享活動，除了讓孩子情緒更平穩之外，也能讓孩子心存感恩，更正向地欣賞各種人事物。

器材：播放冥想音樂設備、坐墊、毯子等器材。

場地：安靜不被干擾且封閉的房間。

人數：全家人。

注意事項：

- 建議在家中的房間進行，電話、手機都暫時關機，如此才能做到不被干擾。

- 爸媽本身必須要有做過此活動的經驗，才能帶出效果。

- 依孩子年齡決定活動時間，學齡前孩子可以從10-15分鐘開始，大一點的孩子可以30-45分鐘。可以搭配靜心冥想的音樂。

- 睡前的靜心時間也可以創造感恩時刻，和孩子在睡前關上大燈，點上有氣氛的小燈，手牽手圍著小燈，輪流說出當日感謝的人事物，作為一天入睡前的儀式。

33. 吹畫並命名編故事

遊戲方法：

- 準備約1/4 A4大小的紙數張，一人一張。

- 用水彩筆吸滿水之後，一次沾上一種顏色。

- 輕拍沾上顏色的水彩筆，讓水滴落在紙上，不同位置滴上數滴。

- 可以將水彩筆洗淨之後，重複前面步驟，只是沾上不同顏色的水彩。

- 用吸管靠近紙上沾了不同顏色的水滴，用力吹氣，讓這些水滴自由流動。

- 吹氣的過程可以轉換不同方向，也可以急促短吹或是一口長氣，不同吹法會有不同效果。

- 也可以用衛生紙在紙上輕輕擦拭。亦可輕甩水彩筆，讓水滴灑在紙上。以上都可創造出不同效果。

- 最後，為此作品命名、拍照、編一則故事說明為何取此名。

器材：水彩、水彩筆、吸管、紙、桌子。

場地：室內。

人數：親子或全家人。

注意事項：

・不同紙張材質會有不同效果，可以多方嘗試體驗。

・吹氣過程有時會讓人頭暈，需注意休息，不急著吹氣。

・也可先畫上一些內容之後，再加上吹畫於該張作品上。

34. 畫曼陀羅

遊戲方法：

・可以直接運用坊間購買之現成曼陀羅圖案來塗色。亦可在紙上畫一個圓形，然後參與者自行設計圓內曼陀羅。

・構圖好之後，選定自己喜歡、覺得愉悅的顏色。一邊塗色一邊內心講著正向肯定自己的內言，如「我很幸福」、「我的家人很愛我」、「我很健康」……等。

・一個區塊一個區塊依序的塗上顏色。把所有顏色塗滿之後，為此作品命名。

器材：紙、色鉛筆、彩色筆或蠟筆、柔和靜心音樂、桌子。

場地：室內。

人數：親子或全家人。

注意事項：

・坊間現成之曼陀羅圖案有些很複雜，需要的時間比較長。建議事前評估可以進行此活動的時間。

・孩子若很小，爸媽可以事前畫好曼陀羅，再讓孩子塗上顏色。

・建議參與者一起塗上顏色，搭配柔和平靜音樂，讓大家在一種穩定、平靜的氛圍下塗色，勿催促、勿著急。

・完成的作品命名並押上日期，建議可以加以裱框。

‧過程中孩子會擔心自己畫不好或畫得醜，父母可同理其擔心或焦慮，並表示每個作品都是獨一無二的，沒有好壞對錯。

‧由於曼陀羅是近距離用眼的活動，建議進行30分鐘後，邀請孩子遠望凝視，以維護視力。

35. 寫出目前心中的「希望、擔心、如果……那有多好、壓力、困擾」

遊戲方法：

■ 事先將「希望、擔心、如果……那有多好、壓力、困擾」做成一張學習單。

如：

◆ 我擔心

◆ 我希望

◆ 如果那有多好

◆ 我現在的壓力有

◆ 我的困擾就是

■ 參與者用寫的或以口頭分享的方式來完成上述學習單。

■ 所有人均分享完之後，建構一個結束儀式，如親子（或全家人）一起擁抱、牽手或擊掌等。

器材：學習單（白紙寫下我希望……我擔心……等句首）、筆。

場地：室內不受干擾之房間。

人數：親子或全家人。

注意事項：

‧爸爸（或媽媽）專注聆聽，接納與了解孩子的狀態，而不是要急著澄清或解決孩子的困擾。

‧建議一定要執行結束時的儀式活動（例如擁抱），因這樣活動很具撫育效果。

・若孩子情緒起伏比較大，建議結束此活動後，再繼續陪伴孩子一段時間。

36. 寫出最喜歡及最討厭爸爸（媽媽、手足、親戚）的一件事情

遊戲方法：

・準備空白名片卡、原子筆（紅色、藍色）。

・分別寫下最喜歡與最討厭某位家人的一件事情。可以一次僅針對一位家人，或每個家人書寫。

・寫完後，輪流猜出家人所寫關於自己的內容以及原因。

・然後請書寫的家人分享事件的內容及原因。

器材：空白名片卡、原子筆（紅色、藍色）、桌子。

場地：安靜的空間即可，有桌椅為佳（方便寫字用）。

人數：2-4人皆可（至少2人，才能彼此回饋）。

注意事項：

・穩定心情。寫完卡片後分享之前，須提醒家人在猜測並聽到對方分享的內容盡量保持平穩的心情來表達自己當下的心情。如此預先提醒的做法是避免聽到自己不高興的事情時，而影響家人的和諧關係。

・這個活動也能促使家庭成員間更了解對方，讓孩子了解自己不只是能表達正向的情緒，任何不滿的情緒同樣可以安全地表達，也會被同理與接納。

六、連結

　　這個向度的活動都是值得爸媽陪孩子一起做的活動。因為是一家人，所以都曾經有過不愉快的互動，討厭、生氣過對方、也曾為對方掉過眼淚、擔心、焦慮過對方的狀態……等等，會有這樣的互動或情緒，就是因為你在乎、關心對方，那如何讓彼此感受到關心、關愛，而不只是生氣、

傷心呢！就是在平常的時候經常有正向連結經驗，而此向度的活動具有將彼此深深連結在一起的效果，真正讓人感受到「我們就是一家人」。再則，孩子總是會長大的，父母得要讓孩子學習獨立，但獨立不是對立、不是不往來，孩子可能會離家求學、就業，但只有爸媽孩子間有健康、親密的連結，孩子才會更健康、有自信的獨立，且一家人的心都還是親密連結著。所以，健康正向的連結也是一個很重要的療癒元素。

37. 分享心目中的偉人、偶像或英雄

遊戲方法：

・選擇一個輕鬆悠閒的時刻，親子或全家人輪流分享彼此心目中的偉人、偶像或英雄。說明欣賞這位偉人、偶像或英雄的1-3個特點。

器材：若有該位偉人、偶像或英雄的相片、書籍、海報、公仔……等，建議配合分享一起展示。

場地：室內不會被干擾之場地即可。

人數：親子或全家人。

注意事項：

・建議記錄下欣賞偉人、偶像或英雄的1-3個特點。因為這些除了可以協助我們更了解孩子之外，幾年後孩子再看到這些記錄也都很有意義，可以看到自己成長的痕跡。

・分享過程中爸媽要耐心引導孩子陳述喜歡偶像的原因，並保持傾聽與接納，不打斷、也不批判孩子的想法與價值觀。

38. 寫出彼此（如爸爸跟姊姊）最像或最喜歡的三個地方或事物

遊戲方法：

・設計一張簡單表格，可以貼上兩人的相片，然後寫上彼此最像或最喜歡的三個地方或事物。

・最像（喜歡）的三個地方或事物可以是姿勢、動作、表情、習慣、興趣、嗜好、食物或歌曲等等。

- 拍下這三個地方，並貼在表格上。
- 每對親子都有各自的表格。
- 可以持續進行此活動，不斷豐富彼此最像或最喜歡的相同點。

器材：表格、筆、相機或手機。

場地：無特殊限制。

人數：親子2人。手足亦可。

注意事項：

- 相同的地方不限於外表長相，可以很多元的尋找。
- 每張表格就是限制三個相同地方，並拍照黏貼。
- 可以多次進行這樣的活動，收集更多相同地方。
- 各自完成後，先讓對方猜自己所寫的，再公布內容，如此可增添趣味性。

39. 為對方做一件對方希望或期待的事情

遊戲方法：

- 詢問對方期待自己為他做的事，也可以彼此都對對方提出一個期待，相互滿足對方的期待。事件內容要經雙方同意。
- 這件事情要具體可執行，盡量都正面表列。有些事情還要設定一個有效時間（一週、二週……），例如每天晚餐後，幫忙洗全家人碗筷，為期一週。然後將此事件書寫在卡片上。
- 在這期間雙方都可以提出某張卡，來要求對方滿足此卡片上的需求。
- 當對方滿足此自己卡片上之需求後，必須給予對方正向回饋，如表達感謝、肯定。同時在該卡片上簽名、押上日期及寫下正向回饋，然後送給對方做紀念與見證。
- 完成此活動之後，相互討論及回應這遊戲過程的感受。

器材：卡片及相關器材設備。

場地：無特殊限制。

人數：親子2人或全家人。

注意事項：

‧從生活中具體的的事件開始。內容要具體明確。

‧必須學習輕鬆、誠懇接受對方的需求，並用心滿足對方需求。

‧滿足對方需求後，鼓勵並拍照。

‧爸媽要示範當對方執行該項任務，滿足對方需求之後的感謝、肯定的回饋。這樣的回饋會使本活動更具價值與意義。

‧提出幾個需求卡內容示例：

專心寫作業30分鐘卡、寫練習卷30分鐘卡、5分鐘內起床卡、吃完碗中的青菜卡、立刻洗澡卡、掃地卡、整理房間卡、向長輩請安卡、端送茶水卡、抱抱卡、停止嘮叨卡、看電視30分鐘卡、多講一則故事卡、按摩30分鐘卡、免做家務卡、美食一道卡。

‧過程中讓親子提出彼此的需求，寫在卡片上，也是一個交流的機會，小孩和爸媽可以知道彼此想要的事情，彼此學習表達，並且「用對方希望的方式愛對方」。

40. 寫信給對方，每完成幾封信或在某個日子拿出來回顧

遊戲方法：

‧可以固定或不固定地寫信給對方。

‧在某些特別日子，如節日、生日、紀念日、畢業日、入學日等寫一封信給對方。

‧鼓勵全家人各自找一個專屬抽屜、盒子來保存這些信件。

‧每一個固定時間或寫了幾封信（如3封信或一年或每年的過年、生日）之後，彼此再一起回顧這幾封信。

器材：紙筆、桌子。

場地：無特殊限制。

人數：親子或全家人。

注意事項：

- 若對方珍藏了某方寫的信，但不願意回顧，亦不勉強。
- 鼓勵用筆親自寫在信紙上，如此的信件一段時間之後更能彰顯其溫暖與溫度，絕對比在社群軟體上的留言更具效果。

41. 參拜與自己信仰一致或不衝突的寺廟、教堂、清真寺等宗教場域

遊戲方法：

- 擴展親子及家人的經驗體驗，也同時了解不同文化與信仰的差異。只要不會有矛盾與衝突感受，鼓勵可以參觀不同信仰的場域。
- 想像成類似出國旅行，感受不同國家、文化的差異。
- 選定一個時間及場域進行文化探索之旅。
- 過程中可以拍照留念，並寫下彼此參觀後的感受與體驗。

器材：無須器材。

場地：選定之宗教場域。

人數：親子或全家人。

注意事項：

- 若能事先有人安排解說更佳。
- 當親子或家人一起面對陌生或不熟悉的場域時，都具有使彼此更親近的效果；因此，就是以一個開放接納的心情從事此項活動。
- 年紀小的孩子就只是單純的體驗觀察即可，如果是年紀較大的孩子，或許可以提供更多對該文化的學習內容，並且有彼此交流討論的時刻。
- 心得：一次全家至新加坡，到小印度區的清真寺參觀，由於成年女性不得露手臂及大腿入寺內，於是媽媽披上寺外準備的長袖衣裙，才能隨同家人進到寺裡。進去後才發現原來還有諸多規矩，如女性不可以進大殿，要參拜時須到旁邊一個獨立、不明亮的小空間，男女有別。這和我們所處的臺灣男女平等意識下的社會有著不同的文化差異，對孩子也是

一次的體驗與學習。

42. 分享爸爸（媽媽）與孩子同一年齡時的相片

遊戲方法：

‧爸爸（或媽媽）找出與孩子現在同年齡的相片，越多越好。

‧也可以找出孩子更小時候的相片，同時也找出相對應年齡階段爸爸（或媽媽）、手足的相片。例如全家人都6歲讀小學時的相片。

‧對照彼此相片看有何相似、相異之處。

‧爸爸（或媽媽）分享當時的生活點滴、重要生命經驗給孩子。

器材：相片。

場地：安靜不被干擾即可。

人數：親子或全家人。

注意事項：

‧可以把同年齡階段相片收集成冊。

‧可以執行多次，相信這樣的活動是能把親子、家人緊密的正向連結在一起。

左邊這張相片是筆者的爸爸與小女兒五個月大時的合照相片，也就是爺爺與孫女的合照相片。第二張則是筆者爸爸與小女兒的兒子五個月大時的合照相片，即為曾祖父與外曾孫的合照相片。

七、轉折之未來、計畫、回顧、回憶

人的生命若能「後顧無憂、前瞻有望」，就會是一個積極正向的人生。此向度的活動很有意義，我們有回顧過去的成長點滴，讓孩子感受到爸媽的愛與關注，也為未來建構一個願景、一個希望！真的做到「後顧無憂、前瞻有望」。當然在回顧過程，進而對未來有期待有希望感，也是一個重要的療癒元素。筆者也一直強調遊戲式教養的遊戲不只是「玩」而已，是要讓孩子開心的玩，玩出能力與懂得與人合作，同時可以感受到滋養撫育，進而能自信、自尊的悅納自己，同時也能利他服務社會，更進一步地能將內在的情緒經驗充分表達，並和家人有深刻的連結，在這些基礎之下，對未來充滿希望感。

這也說明當你了解本書所介紹的七個家庭親子遊戲療癒元素之後，你更能明白這些遊戲活動的意義與價值，在陪著家人進行這些家庭親子遊戲時，你就更知道自己要把握的重點，甚至可以開發更多本書沒介受到的家庭親子遊戲。

43. 時光膠囊：選定一個時間，一起許下1、3、5或10年後對自己的一個願望

遊戲方法：

‧選定一個時間，一起寫下一個幾年後的願望，例如考上某某大學、到歐洲自助旅行、爬喜馬拉雅山、陪爺爺環島旅行……。

‧押上撰寫日期、簽名蓋章或蓋手印，然後將此願望紙條放入膠囊及瓶中。

‧在瓶身上寫下開瓶時間。

器材：筆、紙條、膠囊（或空瓶）。

場地：無特別限制。

人數：親子或全家人。

注意事項：

‧一張紙條寫一個願望即可，然後放入一個膠囊中。

‧可以寫多個願望，但不要超過3個願望。

44. 生日當天寫給「1年後的爸爸、媽媽、自己、手足……」的一封信

遊戲方法：

‧生日或某特別日子進行此活動。

‧通常壽星在當天都會收到家人的祝福及禮物，這是充滿感恩及回饋的活動，邀請壽星寫給每位家人的一封祝福信，寫出期待家人一年內能完成、得到、擁有……的一個願望或期待。

‧讓這位家人在生日當天打開這封信。

器材：紙、筆、信封。

場地：無特殊限制。

人數：全家人

注意事項：

‧若孩子年齡還小，爸爸或媽媽可以指導或引導撰寫。

‧也非常鼓勵孩子寫給爺爺奶奶。

‧爸媽收藏好這些信，這些將是很珍貴的回憶與禮物。

45. 一起完成一本成長手冊，並回顧每張相片的故事

遊戲方法：

‧以某一位孩子為主角，亦即選的相片就是以他為主軸。

‧依時間序整理這些相片，再分享這些相片的回憶及故事。

‧全家人都有一本屬於自己的成長手冊。

器材：筆、相片、相片簿。

場地：無特殊限制。

人數：親子或全家人。

注意事項：

‧可以全家人一起來做這件事。

‧從選相片到完成每個人的相簿，可以分多次完成。

‧建議可以將數位的相片到相館沖洗出來，整理成具體的相簿。

‧也可以選定主題來建構相簿，如歐洲之旅、爺爺奶奶生日。

46. 留下家人現在的手印、腳印

遊戲方法：

‧將全家人的手（或腳）塗上顏料，然後拓印在紙上。也可以以彩色筆或蠟筆在紙上描繪手印（腳印）的輪廓。

‧將每個人的手印（腳印）拓印或描繪在不同紙張上，也可以全家人的手印（腳印）重疊拓印在同一張紙上。

‧亦可以在空白紙張上，每個家庭成員挑一支自己喜歡顏色的筆，從年紀小的孩子開始，輪流將手掌放在紙張上，由其他家庭成員協助畫出手的輪廓。手印相疊的時刻，彷彿家人心心相印，彼此串連在一起。

‧拓印或描繪完畢，記得押上日期。

器材：彩筆、蠟筆、紙張。

場地：無特殊限制。

人數：均可，沒有限制。

注意事項：

‧選擇較好材質及磅數高的紙張，以利收藏或裱褙。

‧將拓印或描繪的紙張押上日期及對象，以利日後對照。

‧過幾年之後再進行比對，尤其是小孩再度比對自己當年的小手，可以感受到成長的變化過程。

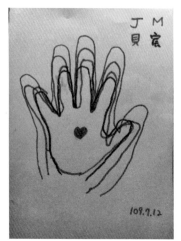 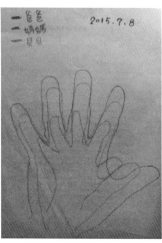

附錄

家庭親子遊戲活動索引表

一、開心、有趣且有明確規則的遊戲		
活動名稱	器材／場地	頁碼
1. 數字拳	無／不限	171頁
2. 老師說	無／不限	172頁
3. 拇指相撲	無／不限	173頁
4. 抓手指	無／不限	174頁
5. 一起學習並玩一種棋藝	棋子與棋盤／室內	174頁
6. 踩（拍）數字	兩張相同數字卡（或注音符號卡、英文字母卡）數張／不限	175頁
7. 心臟病／眼明口快	撲克牌／不拘	176頁
二、合作或能力展現的遊戲		
活動名稱	器材／場地	頁碼
8. 疊杯抽抽樂	紙杯（或塑膠杯、疊杯）2至5個、紙5張以上／平穩桌面或地板上	177頁
9. 一起放風箏（登山、潛水、騎自行車、參加馬拉松）	該活動所需器材／戶外	179頁
10. 合作完成一個200片拼圖	200片拼圖／室內	179頁
11. 故事接龍（圖卡編故事）	多張圖卡／室內	180頁
12. 對對碰（又稱過目不忘、記憶高手）	撲克牌或兩兩相同圖卡、桌子／室內	182頁
13. 比手畫腳	圖卡（或字卡）、計時器／室內	183頁
14. 一起完成六格畫	六格畫學習單、色筆、蠟筆、桌子／室內	184頁
15. 一起製作一張到某地的地圖	方格紙或影印紙、鉛筆及橡皮擦、桌子／室內	185頁

16. 一起塗鴉創作	8K圖畫紙、蠟筆、桌子或現成畫架與粉筆、桌子 / 室內	186頁
三、滋養撫育		
活動名稱	**器材 / 場地**	**頁碼**
17. 一起準備餐點（如生日餐、打杯果汁、餅乾、烘焙）	依準備之餐飲決定 / 廚房、餐廳	187頁
18. 幫對方擦乳液或精油	乳液或精油 / 不限	189頁
19. 「三明治」擁抱 / 親吻活動	無 / 不限	189頁
20. 玩「坐飛機」	床鋪或軟墊 / 室內	190頁
21. 騎馬	床鋪或軟墊 / 室內	191頁
22. 一起上超市或傳統市場採買	無 / 超市或傳統市場	192頁
23. 角色互換，扮演半日或一日爸爸（媽媽），負責照顧全家人作息、飲食及生活	無 / 不限	193頁
24. 拍一張穿一樣 / 同款式衣服的全家福照	全家福服裝、相機 / 不限	193頁
四、自我接納、利己利他		
活動名稱	**器材 / 場地**	**頁碼**
25. 一起做一件公益	無 / 不限	194頁
26. 寫下並說出對方3個你欣賞的優點	筆、小卡或書籤 / 不限	195頁
27. 跟孩子分享成長過程中深刻生命經驗	無 / 不限	196頁
28. 整理並分享本週1-3件快樂、成就、難過、挫敗……的事情	無 / 不限	197頁
29. 選出彼此都滿意的相片10張，並製作成一本相簿	相片 / 不限	198頁
五、情緒經驗充分表達		
活動名稱	**器材 / 場地**	**頁碼**
30. 玩情緒臉譜之「選情緒說事件」遊戲	情緒臉譜或字卡 / 不限	199頁

31. 指認最近一件不開心事件之情緒	情緒臉譜或字卡 / 不限	200頁
32. 一起冥想、靜心、打坐等活動	播音樂的設備、坐墊 / 安靜空間	201頁
33. 吹畫並命名編故事	水彩（筆）、吸管、紙、桌子 / 室內	202頁
34. 畫曼陀羅	色（鉛）筆、音樂、紙、桌子 / 室內	203頁
35. 寫出目前心中的「希望、擔心、如果……那有多好、壓力、困擾」	學習單（我希望……我擔心……等句首）、筆、桌子 / 室內	204頁
36. 寫出最喜歡及最討厭爸爸（媽媽、手足、親戚）的一件事情	空白名片卡、原子筆（紅色、藍色）、桌子 / 室內	205頁

六、連結

活動名稱	器材 / 場地	頁碼
37. 分享心目中的偉人、偶像或英雄	偉人等照片、書籍、公仔等 / 室內	206頁
38. 寫出彼此（如爸爸跟姊姊）最像或最喜歡的三個地方或事物	表格、筆、拍照設備 / 不限	206頁
39. 為對方做一件對方希望或期待的事情	卡片及相關器材設備 / 不限	207頁
40. 寫信給對方，每完成幾封信或在某個日子拿出來回顧	紙筆、桌子 / 不限	208頁
41. 參拜與自己信仰一致或不衝突的寺廟、教堂、清真寺……等宗教場域	無 / 選定之宗教場域	209頁
42. 分享爸（媽）與孩子同年齡時的相片	相片 / 不限	210頁

(七)轉折之未來、計畫、回顧、回憶

活動名稱	器材 / 場地	頁碼
43. 時光膠囊：選定一個時間，一起許下1、3、5或10年後對自己的一個願望	筆、紙條、膠囊（或空瓶）/ 不限	211頁

44. 生日當天寫給「1年後的爸爸、媽媽、自己、手足……」的一封信	紙、筆、信封 / 不限	212頁
45. 一起完成一本成長手冊，並回顧相片故事	筆、相片、相片簿 / 不限	212頁
46. 留下家人現在的手印、腳印	彩筆、蠟筆、紙張 / 不限	213頁

國家圖書館出版品預行編目資料

結構式遊戲治療之策略遊戲/鄭如安著.--初
版.--臺北市：五南圖書出版股份有限公司，
2023.03
　　面；　公分

ISBN 978-626-343-777-7(平裝)

1.CST: 遊戲治療

178.8　　　　　　　　　　112000982

1B2U

結構式遊戲治療之策略遊戲

作　　　者 ― 鄭如安（382.5）

協同作者 ― 王怡蓉、邱美綺、范晉維、鍾易廷

發 行 人 ― 楊榮川

總 經 理 ― 楊士清

總 編 輯 ― 楊秀麗

副總編輯 ― 王俐文

責任編輯 ― 金明芬

封面設計 ― 姚孝慈

出 版 者 ― 五南圖書出版股份有限公司

地　　　址：106台北市大安區和平東路二段339號4樓

電　　　話：(02)2705-5066　　傳　　　真：(02)2706-6100

網　　　址：https://www.wunan.com.tw

電子郵件：wunan@wunan.com.tw

劃撥帳號：01068953

戶　　　名：五南圖書出版股份有限公司

法律顧問　林勝安律師

出版日期　2023年3月初版一刷

定　　　價　新臺幣420元

經典永恆・名著常在

五十週年的獻禮 —— 經典名著文庫

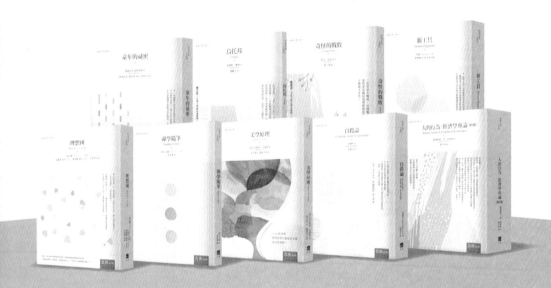

五南，五十年了，半個世紀，人生旅程的一大半，走過來了。
思索著，邁向百年的未來歷程，能為知識界、文化學術界作些什麼？
在速食文化的生態下，有什麼值得讓人雋永品味的？

歷代經典・當今名著，經過時間的洗禮，千錘百鍊，流傳至今，光芒耀人；
不僅使我們能領悟前人的智慧，同時也增深加廣我們思考的深度與視野。
我們決心投入巨資，有計畫的系統梳選，成立「經典名著文庫」，
希望收入古今中外思想性的、充滿睿智與獨見的經典、名著。
這是一項理想性的、永續性的巨大出版工程。
不在意讀者的眾寡，只考慮它的學術價值，力求完整展現先哲思想的軌跡；
為知識界開啟一片智慧之窗，營造一座百花綻放的世界文明公園，
任君遨遊、取菁吸蜜、嘉惠學子！